LAS CARAS OCULTAS DE

❧HERNÁN❧
CORTÉS

LAS CARAS OCULTAS DE
❧ HERNÁN ❧
CORTÉS

LA HISTORIA DEL CONQUISTADOR
QUE INSPIRÓ LA SERIE *HERNÁN*

ALEJANDRO ROSAS

(ADAPTACIÓN)

Planeta

Diseño de portada: Planeta Arte & Diseño / Ramón Navarro
Fotografías de portada y contraportada: Damián Hernández Medina /
Cortesía de Producciones Dopamina, S.A. de C.V.
Diseño de interiores: Alejandra Ruiz Esparza

d∗pamine
Highly emotional

© "Hernán" la Serie: Producciones Dopamina, S.A. de C.V.
Creada y escrita por: Amaya Muruzábal; Francisco Royo; María Jaén y Julián
de Tavira
© 2019, Círculo Editorial Azteca
© 2019, Grupo Salinas
© 2019, Adaptación: Alejandro Rosas

Derechos reservados

© 2019, Editorial Planeta Mexicana, S.A. de C.V.
Bajo el sello editorial PLANETA M.R.
Avenida Presidente Masarik núm. 111, Piso 2
Colonia Polanco V Sección, Miguel Hidalgo
C.P. 11560, Ciudad de México
www.planetadelibros.com.mx

Primera edición en formato epub: noviembre de 2019
ISBN: 978-607-07-6264-2

Primera edición impresa en México: noviembre de 2019
ISBN: 978-607-07-6263-5

Impreso en los talleres de Litográfica Ingramex, S.A. de C.V.
Centeno núm. 162-1, colonia Granjas Esmeralda, Ciudad de México
Impreso y hecho en México – *Printed and made in Mexico*

✦ ÍNDICE ✦

⚜ INTRODUCCIÓN ⚜

La fuerza de mi brazo lo confirmó

En 1823, el gobierno mexicano ordenó que los restos de los héroes de la independencia fueran recuperados y llevados a la Ciudad de México para colocarlos en la catedral. El país cumplía dos años como nación independiente en medio de un patriotismo exacerbado que se manifestó en un profundo sentimiento antiespañol.

La estatua ecuestre de Carlos IV fue retirada de la plaza mayor y llevada al patio de la Universidad. Aunque el llamado «Caballito» era una obra de arte realizada por el ya entonces célebre Manuel Tolsá, Carlos IV era el símbolo de la monarquía española y representaba los 300 años de dominación, no había forma de que permaneciera en la plaza mayor.

Con la consumación de la independencia también desapareció el Paseo del Pendón, una fiesta que se realizaba cada 13 de agosto, día de San Hipólito, en la que el Ayuntamiento de la Ciudad de México conmemoraba la caída de Tenochtitlán. La celebración duraba dos días, en los que también se recordaban las hazañas de Hernán Cortés y sus hombres a través de representaciones de la Noche Triste y el sitio de Tenochtitlán.

El patriotismo se desbordó: al tiempo que la Ciudad de México recibía con todos los honores los cráneos de Hidalgo, Allende, Aldama y Jiménez —que habían permanecido en cada una de las esquinas de la alhóndiga de Granaditas en Guanajuato durante más de once años—, el desprecio contra los españoles se agravó y en el Congreso comenzó a debatirse la idea de que el sepulcro de Hernán Cortés fuera retirado del templo del Hospital de Jesús.

El encono fue en aumento. Por entonces circularon varios folletos antihispánicos: *El pendón se acabó y la memoria de Cortés quedó, Los curiosos quieren saber en qué paran los huesos de Cortés,* entre otros. Como era previsible, la animadversión se desbordó y corrió el rumor de que el 16 de septiembre de 1823, una turba marcharía al templo del Hospital de Jesús para exhumar los restos de Cortés y arrastrarlos por la ciudad hasta el quemadero de San Lázaro.

Lucas Alamán —historiador y posteriormente apoderado de los descendientes de Cortés en México— decidió ponerlos a salvo. Los exhumó del monumento funerario que estaba dentro del templo y los volvió a inhumar en el piso de la misma iglesia. Mandó retirar el busto del conquistador que coronaba el mausoleo y lo envió a sus descendientes en Italia. Así ahuyentó el peligro.

En 1836, Alamán cambió los restos de lugar porque le parecía que no era digno que estuvieran sepultados en el piso del templo casi en la clandestinidad. Los colocó en un nicho a un costado del altar principal, en el muro izquierdo y luego lo tapió. No volvió a saberse nada de los restos de Cortés hasta noviembre de 1946, cuando fueron encontrados y autentificados. En junio de 1947, unos meses antes de cumplirse los cuatrocientos años de su muerte, inhumaron sus restos en el mismo nicho donde los habían hallado y se colocó una austera placa que dice: «Hernán Cortés 1485-1547».

El templo del hospital de Jesús, fundado por el propio conquistador en 1524, se encuentra en completo deterioro, casi abandonado. Es reflejo de lo que ha sido su memoria para México. Desde la década de 1820, Hernán Cortés fue arrojado al infierno cívico de la historia mexicana. Durante la mayor parte del siglo XIX y ya entrado el XX permaneció en el limbo, pero luego de la revolución, cuando surgió y se consolidó el discurso nacionalista y patriotero, Cortés adquirió la fama de villano de la historia mexicana.

El nacionalismo reflejado en el muralismo de los años veinte y treinta del siglo XX le pasó factura a Cortés y a sus compañeros. Junto a un mundo prehispánico que mostraron como un paraíso idílico y donde todo era armonía, se levantaba el conquistador ruin, explotador y asesino. No fue gratuito que Diego Rivera representara a Cortés malformado y sifilítico.

Con el tiempo la historia oficial terminó con la interpretación maniquea, la que polarizó a los mexicanos, la que dividió al país en buenos y malos, en héroes y villanos, la misma que aprendieron varias generaciones de mexicanos a través del libro de texto gratuito y mediante la que nos enseñaron que Cortés fue cruel y despiadado, que doña Marina era la encarnación de la chingada —la mujer violada, abusada que se entregó a los extranjeros y negó sus propias raíces—, que los tlaxcaltecas fueron unos traidores y que los españoles que participaron en la conquista eran presidiarios, forajidos y viciosos que trajeron todos los males habidos y por haber al México puro, limpio y virtuoso donde los aztecas dominaban arrojando flores y poemas.

En pleno siglo XXI, a quinientos años del encuentro entre Cortés y Moctezuma, a cinco siglos de la conquista de México, no pueden seguir imperando los prejuicios. Hernán Cortés no fue ni héroe ni villano; fue un hombre definido por sus circunstancias, las mismas en las que coincidieron Moctezuma, Marina, Alvarado, Bernal Díaz y los cientos de españoles y miles de indígenas que cruzaron sus destinos en un mismo punto de la historia.

Las caras ocultas de Hernán Cortés es un acercamiento a la biografía del conquistador desde la óptica de la divulgación y a través de los personajes que fueron protagonistas de su misma historia: Moctezuma, Marina, Pedro de Alvarado, Bernal Díaz del Castillo, Diego de Ordaz, Cristóbal de Olid, Gonzalo de Sandoval, Diego Velázquez, Pánfilo de Narváez, Xicoténcatl; hombres y mujeres comunes y corrientes que desempeñaron un papel fundamental en uno de los momentos más dramáticos de la historia universal.

Hernán Cortés era un hombre común que se atrevió a dar el paso que ningún otro hombre de su generación quiso dar: aventurarse a tierras desconocidas con un futuro incierto.

Eso era Cortés, sólo un hombre más «de buena estatura, rehecho y de gran pecho», escribió su biógrafo Francisco López de Gómara, «el color ceniciento, la barba clara, el cabello largo. Tenía gran fuerza, mucho ánimo, destreza en las armas. Fue travieso cuando muchacho y cuando hombre fue asentado… Fue muy dado a las mujeres, lo mismo hizo al juego y jugaba a los dados de maravilla. Fue muy gran comedor y templado en el beber, teniendo abundancia. Era recio, porfiado. Gastaba liberalísimamente en la guerra, en mujeres, por amigos y en antojos, mostrando escasez en algunas cosas. Era devoto, rezador y sabía muchas oraciones y salmos de coro».

A quinientos años del encuentro entre Cortés y Moctezuma, el capitán español permanece en el exilio de la historia mexicana. Figura controvertida y polémica, murió siendo mexicano, por eso su última voluntad fue que sus restos descansaran en México, en el lugar que fundó y del que terminó por enamorarse. El lema de su escudo de armas no podía ser más elocuente: «El juicio de Dios los sometió y la fuerza de mi brazo lo confirmó».

Alejandro Rosas
Octubre de 2019

Capítulo 1

LA SUERTE
ESTÁ ECHADA

Llovía a cántaros, el agua se filtraba por las armaduras de los hombres de Cortés mientras aguardaban el momento propicio para atacar. La adrenalina, la excitación que precede a la batalla, los mantenía alerta, pero estaban exhaustos. Habían llegado a marchas forzadas a unas leguas de Cempoala y solo esperaban la señal de su capitán general para atacar.

Se quedaron quietos, escuchando el sonido de la lluvia que golpeteaba sobre la exuberante vegetación, excepto cuando se escuchaban los truenos; los rayos se reflejaban en las armaduras lodosas, en las espadas y las lanzas de los soldados. Para Hernán Cortés no había un mañana; si no salía victorioso, sus planes, sus sueños, su ambición se esfumarían. No podía permitirse fallar, la derrota no era una opción.

«La suerte está echada», pensó cuando dejó Tenochtitlán y marchó a Veracruz para hacerle frente a Pánfilo de Narváez la mañana del 10 de mayo de 1520. Mientras ordenaba a sus hombres que se prepararan para partir, le dijo a Marina que también se alistara para dejar la capital imperial.

—Vendrás conmigo, te necesito a mi lado —le expresó.

Marina asintió complacida, pues para ella ningún lugar en la Tierra era mejor que junto a Cortés. No se había separado de su lado desde que el español supo que hablaba la lengua de los mexicanos, en abril de 1519. Era su mujer y su traductora, y, como a Cortés, la suerte también le sonreía: había salido con bien de todas las andanzas en las que acompañó al español —que no eran pocas— y esperaba seguir contando con la venia de los dioses, o al menos con la del dios al que el capitán general le entregaba su fe.

El destino alcanzó a Hernán Cortés en mayo de 1520. Sabía que tarde o temprano su compadre Diego Velázquez, el gobernador de Cuba, reuniría los recursos suficientes para enviar por él, y ese momento había llegado. Hasta oídos de Velázquez llegó la información de que Cortés había despachado una nave desde Veracruz con grandes tesoros para el rey Carlos V, así como una carta solicitándole su autorización para proseguir la conquista. La noticia desató la ira de Velázquez; su compadre lo había traicionado y debía hacerlo pagar.

Velázquez gastó hasta el último real para organizar una expedición punitiva, cuyo fin era aprehender a Cortés junto con sus capitanes y llevarlos de vuelta a la isla, donde seguramente los esperaba la horca. Desde luego, Velázquez y sus hombres se harían cargo de la conquista de México en el punto donde la dejara Cortés.

Se cumplía apenas un año y tres meses desde su salida de Cuba y parecía que mediaba la eternidad. Cortés había logrado lo inimaginable: llegó a Tenochtitlán con poco menos de 300 españoles y aliados tlaxcaltecas y sometió sutilmente al emperador Moctezuma sin haber derramado una gota de sangre mexica.

Suficiente para ufanarse, pero si algo había acompañado a Cortés en todo momento era la prudencia, y la situación la requería, sobre todo cuando le comunicaron que habían llegado a las costas de México 18 naves con cerca de 1000 hombres, 80 caballos y más de diez piezas de artillería al mando de Pánfilo de Narváez, cuya vanidad era por todos conocida y que habría dado un ojo por vencer a Cortés y llevarlo vivo o muerto de regreso a Cuba.

Las naves de Narváez llegaron a San Juan de Ulúa a principios de mayo de 1520. Los espías de Moctezuma, siempre atentos, corrieron a Tenochtitlán y mostraron a su emperador y a Cortés dibujos donde describían gráficamente cómo estaba compuesta la expedición. Las 18 naves atracadas habrían hecho palidecer a cualquiera, pero Cortés no era de los que rumiaban sus penas; de inmediato comenzó un intercambio epistolar con Narváez para ganar tiempo.

Todos querían llevar agua a su molino. Narváez marchaba deseoso por mostrar que era superior a Cortés. Nadie dudaba de su valentía, pero sus mayores defectos eran la vanidad y una necedad que lo conducía con frecuencia por los caminos de la imprudencia, y Cortés lo sabía.

Moctezuma también movía sus piezas. Fue el primero en saber de la nueva expedición gracias a sus mensajeros que iban y venían con noticias. Le brillaron los ojos cuando supo que Narváez —a quien incluso le envió regalos— tenía como fin capturar a Cortés porque se había rebelado contra su rey, o al menos eso fue lo que interpretó el monarca azteca, quien vio la posibilidad de desasirse del yugo español si Cortés era derrotado por sus propios compañeros.

Por su parte, Cortés sabía que la presencia de Narváez podría arruinar sus planes y romper la estabilidad y el equilibrio que había logrado establecer en México, pues si bien el emperador Moctezuma era su prisionero, se movía con entera libertad por la capital —lo cual le daba tranquilidad a su gente—, aunque siempre con una guardia personal de españoles que no lo dejaba ni a sol ni a sombra, encabezada por el mismísimo Pedro de Alvarado, mano derecha de Hernán Cortés.

La correspondencia con Narváez solo era una estratagema para ganar tiempo. Ambos pensaban lo mismo y ambos sabían que tendrían que enfrentarse en el campo de batalla. Sin embargo, Cortés aprovechó los correos que enviaba para comunicarse de manera clandestina con otros hombres de la expedición a quienes conocía de sus años en Cuba. Mandó cartas, mensajes y promesas, e hizo lo que mejor sabía hacer: comprar voluntades. Ofreció oro, plata, riquezas y tierras. Así fue diezmando la lealtad de esos hombres hacia Narváez.

La noticia de que el cacique gordo de Cempoala —su primer aliado de importancia en 1519—, así como otros pueblos que seguían leales a Tenochtitlán, habían ofrecido su ayuda a Narváez llevó a Cortés a tomar la decisión de marchar hacia Veracruz. Había llegado el momento de tomar cartas en el asunto en vez de escribirlas.

El momento era delicado. Cortés solo contaba con 150 españoles en Tenochtitlán. En los últimos meses había despachado a sus hombres: a unos los envió a explorar regiones cercanas, a otros los destinó a las poblaciones que conocían para mantener la vigilancia de la ruta que siguieron desde la costa y unos más se encontraban en la Villa Rica de la Veracruz. Aún contaba con sus aliados tlaxcaltecas, que eran poco más de 2 000, y confiaba en que continuaran odiando a los mexicas, porque su seguridad dependía en buena medida de la enemistad entre ambos señoríos indígenas.

Cortés ordenó que 70 hombres marcharan con él y puso la capital mexica en manos de Pedro de Alvarado, su hombre de mayor confianza, aunque también el más arrebatado. Cuando lo vieron por vez primera, los indígenas se sorprendieron por su apariencia: era muy alto y rubio, por lo que lo llamaban Tonatiuh (el hijo del Sol). Al comienzo de la expedición, Cortés tuvo algunas diferencias con él debido a su indisciplina, pero con el paso de los días demostró su autoridad y Pedro la respetó.

Alvarado estaba hecho para la aventura y para la guerra, era intrépido y tenía la personalidad del seductor. Su expresión era alegre y de «mirar amoroso», contaba Bernal Díaz del Castillo. Además, era buen conversador, franco y sonriente, aunque arrogante. Sin embargo, detrás de su amigable actitud escondía una parte oscura: era notablemente cruel y podía ser despiadado; en sus propias palabras, estaba dispuesto a «atemorizar la tierra». Nunca se arredró al enfrentar a los indígenas, ni siquiera durante los feroces combates que sostuvieron contra los tlaxcaltecas en septiembre del año anterior.

Desde que llegaron a Tenochtitlán, el 8 de noviembre de 1519, Alvarado estuvo presente en todos los encuentros que Cortés sostuvo con Moctezuma y, cuando apresaron al emperador, fue uno de los hombres encargados de custodiarlo y acompañarlo en todo momento.

Curiosamente, Alvarado desarrolló una buena relación con Moctezuma. Salían juntos de cacería, practicaban un juego que tenían los aztecas similar al boliche —en el que el capitán español solía dejarlo ganar para mostrar su generosidad— y los dos eran dados a reír con soltura. Finalmente se ganó la confianza del emperador; por eso, cuando Cortés decidió encargarle su seguridad, el tlatoani no tuvo objeción.

—Pedro —le dijo Cortés antes de partir—, quedas a cargo. Procura mantener el mismo trato que hasta ahora le has mostrado al emperador; que sienta que es libre aunque sea nuestro prisionero. No dejes que se reúna con ninguno de los señores si tú no estás presente. Debe sentirse en confianza y dispuesto a seguir de nuestro lado. Cuida de él y de su familia. Además, te hago responsable del tesoro de nuestro rey y de lo que pertenece a los hombres que marchan conmigo.

Alvarado asintió a cada una de las instrucciones de Cortés, quien antes de despedirse, como última recomendación, le dijo:

—Y sobre todo, Pedro, no hagas pendejadas.

Ambos sonrieron.

Resuelto el asunto con sus hombres, Cortés se presentó ante Moctezuma acompañado por Marina. Aunque el emperador ya se había acostumbrado a la presencia de la joven india, le seguía pareciendo extraña. Las mujeres, incluso las suyas —que podían ser hasta 400—, eran ajenas a todos los asuntos del gobierno, pero nadie, ni siquiera él, siendo emperador, se atrevió a cuestionarle a Cortés que Marina estuviera a su lado en todo momento.

Había sido humillante que Marina le comunicara la decisión de Cortés de tomarlo como prisionero unos días después de su llegada a Tenochtitlán. Había sido humillante que su huésped tomara por cierto que él había estado detrás de la muerte de su capitán Juan Escalante y varios españoles que cayeron combatiendo al cacique de Nautla en Veracruz. Había sido humillante que Cortés creyera que le habían llevado la cabeza de Juan de Argüello, uno de sus hombres caídos, como trofeo de guerra. Había sido humillante que Cortés y sus hombres se hubieran presentado en su palacio para aprehenderlo sin darle oportunidad de nada, sin escuchar sus argumentos, sin confiar en su palabra.

Pero lo más humillante fue escuchar a la joven esclava a quien llamaban doña Marina decirle:

—Mucho arriesga usted, señor, si no cede a las pretensiones de esta gente; ya conoce su resolución y la fuerza superior que los asiste. Yo soy su vasalla y deseo naturalmente su felicidad. Si acepta ir con ellos, será tratado con el respeto que merece su persona, pero si se resiste, su vida peligra.

Moctezuma aceptó su prisión, aunque, para evitar la sublevación de su pueblo, les dijo a sus más allegados que por consideración a sus huéspedes había decidido mudar su habitación al palacio de Axayácatl, donde se encontraba el cuartel general de Cortés y sus hombres, que iba por su voluntad, que no era prisionero, sino que lo haría por el gusto de convivir unos días con ellos.

Por su seguridad, los españoles le siguieron el juego. Moctezuma eligió sus habitaciones en el palacio de su padre y pudo entrar y salir a voluntad, pero con una novedad: una guardia de españoles encabezada por Pedro de Alvarado lo acompañaba a donde fuera.

Moctezuma ya estaba enterado de la partida de Cortés cuando se presentó en sus aposentos acompañado por Marina. De nuevo el juego de las simulaciones. Cortés le dijo que volvería en unos días y que dejaba al mando a Pedro de Alvarado. Marina, que conocía bien el juego de Cortés, tradujo sus palabras con gran sentimiento, como si el conquistador de verdad estuviera triste por dejar a Moctezuma, cuando, en todo caso, se mostraba apesadumbrado porque dejaba la ciudad que ya tenía en su poder.

El emperador también entró al juego y fingió pesar. Lamentó que tuviera que marcharse, aunque esperaba no verlo de regreso; su mayor deseo era que los otros españoles que venían por él lo capturaran y se lo llevaran. Sin embargo, con su cortesía de siempre, le ofreció guerreros para combatir a Narváez a sabiendas de que no aceptaría, pues tenía la certeza de que el español no confiaba en ellos.

Cortés no podía darse el lujo de llevar mexicas entre sus tropas, pues no sabía a ciencia cierta si tramaban algo luego de ver las circunstancias en que se encontraba su emperador, cuya autoridad, si bien gozaba de todas las consideraciones, estaba evidentemente minada debido a la presencia de los españoles, y la gente de su pueblo lo sabía.

—Su majestad, le encargo cuidar a los españoles que dejo en su compañía —le dijo Cortés a Moctezuma con una velada amenaza—. No los desampare ni se aparte de ellos; no me gustaría regresar y encontrarme con una situación difícil y tener que poner orden. Alvarado se queda al mando y se hará cargo de servirlo en todo lo que usted y su familia necesiten.

Cortés y Moctezuma se dieron un abrazo (después de aquel primer encuentro, donde los señores de Tenochtitlán impidieron al español abrazar al tlatoani, se hizo práctica común). Y junto con otros señores, Moctezuma despidió a Cortés, que tomó camino por la calzada de Iztapalapa, por donde había entrado a Tenochtitlán el 8 de noviembre del año anterior, hecho que parecía haber sucedido hacía siglos.

Setenta españoles salieron de Tenochtitlán el 10 de mayo de 1520. Cortés iba al frente y compartía su montura con Marina, que nunca dio muestras de flaqueza. Si tenía que caminar, caminaba; si debía pasar la noche en vela, lo hacía. Pese a su notoria juventud —tendría 16 años—, de su boca jamás salió queja alguna y para entonces ya se había ganado el respeto de los hombres de Cortés y de los señores indígenas que la veían siempre junto al español. Más aún, Marina ya entendía y hablaba algo de castellano, que aprendió al lado del capitán general.

Con tan pocos hombres, Cortés sabía que era un suicidio enfrentar a Narváez, pero a lo largo del camino otros capitanes se le unieron. En Cholula se incorporaron los hombres de Rodrigo Rangel y Juan Velázquez de León, a quien Cortés envió a negociar con Narváez debido a que era su cuñado. No logró nada, tal como el propio Cortés esperaba, aunque en realidad lo había enviado para espiar el campamento de su enemigo y tener con certeza el número de soldados, caballos y piezas de artillería con que contaba su enemigo.

Al llegar a Tlaxcala, Cortés y sus tropas fueron recibidos como héroes, porque se habían enterado de la aprehensión de Moctezuma, su acérrimo enemigo. La mayoría de los españoles no había regresado al señorío desde septiembre de 1519, y aunque tan solo iban de paso rumbo a Veracruz, los agasajaron. No obstante, los señores de Tlaxcala se negaron a proporcionar guerreros bajo el argumento de que sus armas no eran lo suficientemente poderosas para luchar contra las fuerzas españolas, como había quedado demostrado el año anterior cuando combatieron, sin éxito, a Cortés.

Aun así, las fuerzas españolas se reabastecieron y continuaron su camino. Cerca de Cempoala se sumaron las fuerzas de Gonzalo de Sandoval que se encontraban en la Villa Rica de la Veracruz, pero se había retirado a la sierra para no caer en manos de Narváez. Ahí esperó la llegada de Cortés. Con todo, sus fuerzas apenas alcanzaban 300 soldados y algunas decenas de guerreros indígenas.

Pánfilo de Narváez se encontraba muy sobrado. Sabía que superaba en número a Cortés y su alianza con el cacique gordo de Cempoala y otros pueblos leales a Moctezuma le dio una confianza excesiva: sin haber dado una sola batalla creyó que podría aplastar a Cortés con facilidad.

Narváez estableció su campamento en la ciudad de Cempoala y eligió el Templo Mayor como cuartel. El 27 de mayo salió con todas sus tropas al encuentro de Cortés, que, según sus informantes, atacaría a campo abierto. Narváez esperó durante horas a su enemigo, pero nunca se presentó. Fastidiado por la lluvia, ordenó regresar al campamento.

Pero las tropas de Cortés se encontraban muy cerca de Cempoala y, a diferencia de los hombres de Narváez, estaban acostumbradas a resistir las peores circunstancias, como lluvia, frío y falta de comida. El capitán general no tuvo la menor intención de pelear a campo abierto, no habría tenido oportunidad de ganar. Esperó a que cayera la noche para dar el golpe.

Algunas antorchas iluminaban medianamente el campamento de Narváez; la mayoría de su gente descansaba y solo la guardia hacía sus rondas. Pasada la medianoche —era 27 de mayo—, Cortés movilizó sigilosamente a sus tropas y organizó tres columnas que puso en manos de Francisco Pizarro, Gonzalo de Sandoval y Velázquez de León.

Aunque el sorpresivo ataque parecía temerario, lo cierto es que Cortés había comprado a varios de los hombres de Narváez a través de sus cartas: la promesa del oro podía más que la lealtad a un hombre tan soberbio como el capitán que Diego Velázquez había enviado.

Cortés dio la voz de ataque y las tres columnas se movieron en orden; Pizarro y Velázquez de León abrieron paso a Gonzalo de Sandoval, que tenía la misión más difícil: subir a lo alto del Templo Mayor y someter a Narváez. Los hombres de Cortés lograron sembrar la confusión entre sus enemigos: varios jinetes cayeron de sus monturas a las primeras de cambio gracias a que otros tantos de los soldados de Narváez que ya jugaban del lado de Cortés cortaron las cintas de las sillas de montar, así que ni siquiera pudieron entrar en combate. Lo mismo sucedió con la mayoría de los artilleros: no dispararon o fallaron con toda intención, pues ya eran parte de las fuerzas de Cortés.

Gonzalo de Sandoval y sus hombres se abrieron paso a sangre y fuego. Subir los diez metros del templo fue una hazaña; los últimos hombres de Narváez resistían desde lo alto. Casi fue un milagro que Sandoval y su gente lograran llegar a lo alto del templo sin un rasguño. Él no perdió tiempo, le prendió fuego al cuartel del español y lo enfrentó. En la refriega, Narváez perdió un ojo, el ojo que habría dado por derrotar a Cortés.

La victoria no fue cruenta —no podía serlo— y los españoles no tomaron venganza contra el cacique gordo ni contra ninguno de los aliados indígenas que apoyaron a Narváez. Lo dejaron pasar, pues era más importante que corriera la noticia de que las tropas de Cortés habían aumentado considerablemente y eran imbatibles.

A pesar de haber perdido el ojo, la soberbia de Narváez era inaudita. Cuando fue llevado ante Cortés le expresó:

—Señor, seguramente se siente muy ufano de esta victoria y de tenerme como su prisionero.

Cortés apenas lo miró y respondió con desdén:

—Le agradezco a Dios que me dio la victoria y a los hombres que me acompañan; fueron fundamentales para derrotarlo, pero de todo lo que he realizado aquí en la Nueva España, lo menos importante es haberlo derrotado a usted.

Narváez se quedó frío con la respuesta de Cortés. Permaneció dos años preso en Veracruz y, consumada la conquista, fue liberado.

«Nunca por ventura tan pocos vencieron a tantos de una misma nación», escribió tiempo después Francisco López de Gómara acerca de la victoria de Cortés. El botín de guerra era invaluable, quizá tan valioso como los primeros obsequios que recibió de Moctezuma un año antes; pero en esta ocasión no se trataba de riquezas, sino de hombres, caballos, armas, artillería y pólvora. Salvo algunos leales a Narváez, los casi 1000 hombres que llegaron en la expedición se sumaron a las huestes de Cortés.

En los siguientes días, el ambiente en el campamento español era de absoluta camaradería. La gente que llegó en 1519 pudo probar de nuevo vino, cerdo, tocino, pan y todos los alimentos que solían consumir en Cuba y que se habían agotado meses antes.

Marina no había visto tan contento a Cortés desde hacía varios meses. Antes de volver a México descansó unos días en Cempoala, lo que le cayó bien a su ánimo. Se mostraba confiado, bromeaba con sus hombres, reía, comía y brindaba con ellos. Y le dedicó más tiempo a ella. Marina se había acostumbrado a su olor, a su sexo, a su piel. Solo quería permanecer a su lado.

Confiado en el porvenir, Cortés tomó decisiones que parecían indicar que la conquista y la colonización eran un hecho. Le entregó dos naves a Juan Velázquez de León para explorar la región del Pánuco. Puso a Diego de Ordaz al mando de 200 hombres para que marcharan a Coatzacoalcos a fundar una villa. También envió dos naves a Jamaica para que trajeran caballos, becerros, puercos y borregos para comenzar su cría en México. Además, destinó 200 hombres más para defender Veracruz y, para que no hubiera tentaciones, ordenó retirar las velas y timones del resto de las naves para hacer imposible su navegación.

Marina descansaba sobre el pecho de Cortés mientras él metía los dedos entre su pelo como si quisiera desenredarlo. El español pensaba en México, estaba confiado. Volvería a la capital mexica a comenzar el proceso de colonización de manera pacífica y a levantar la cruz de la nueva fe para aquellos pueblos; haría llegar cultivos y empezaría la cría de animales que no se conocían en esas tierras. Todo estaba por hacerse y las condiciones parecían propicias.

Pero cuando llegaron varios mensajeros de Moctezuma, los sueños de Cortes se desvanecieron. Traían noticias graves. Algo terrible había sucedido en Tenochtitlán; sí, en la ciudad que parecía flotar sobre el lago, en la ciudad que se levantaba entre los volcanes, en la ciudad de sus sueños. En Tenochtitlán había corrido la sangre. México era sueño y pesadilla. Cortés palideció, le dio un sorbo a un vaso de vino, se incorporó para colocarse su armadura, tomó armas y mandó llamar a sus capitanes: debían salir de inmediato a Tenochtitlán.

CAPÍTULO 2

UNA CIUDAD SOBRE UN LAGO

Bajo el volcán

La tierra retumbó bajo sus pies y la gran columna de humo comenzó a elevarse. Diego de Ordaz y sus dos compañeros apenas tuvieron tiempo de refugiarse entre las rocas y colocarse pañuelos húmedos en la nariz esperando que el olor a azufre se disipara luego de la explosión del volcán. La suerte estaba con ellos, las piedras incandescentes que expulsó el cráter habían caído a varios metros de distancia de donde se encontraban.

Al igual que Hernán Cortés, algo de audacia y de aventura, así como algo de locura, impulsaba a Diego de Ordaz. No había otro modo de explicar por qué decidió subir a la cumbre de un volcán que estaba vivo y que, cuando los españoles llegaron a Tlaxcala, les había dado la bienvenida con una explosión que resonó en todo el valle e hizo temer a los pueblos aledaños. A su parecer, los dioses estaban molestos con la presencia de los extranjeros. No era extraño que se alcanzaran a divisar los destellos y las llamaradas que salían del cráter, y el humo contrastaba con el esplendoroso cielo azul de la región.

La belleza del Popocatépetl y del Iztaccíhuatl podía quitarle el aliento a cualquiera, pero Cortés no le dio más importancia que la de un simple paisaje natural, uno más de los muchos que había encontrado a su paso. Era mediados de septiembre de 1519, comenzaba el otoño y sus pensamientos estaban puestos en Tenochtitlán, que se había convertido en su obsesión.

La actividad del Popocatépetl no le quitó el sueño. Sabía que una explosión de gran magnitud acabaría con él, con sus hombres, con todos los pueblos vecinos, con sus sueños de fama y fortuna; pero esperaba que Dios, la Virgen María y Santiago —el santo que había acompañado a los españoles en la reconquista de España contra los moros— lo protegieran, así que sus preocupaciones eran políticas: tenía que afianzar su alianza con los tlaxcaltecas y preparar su marcha hacia la capital del imperio azteca.

Y mientras el capitán general se tomaba su tiempo y hacía sus cálculos políticos, Diego de Ordaz decidió romper la irritante espera y se presentó ante Cortés para pedirle autorización de explorar el volcán y llegar hasta la cumbre. Al capitán general no le extrañó la petición; al contrario, la alentó. Sabía que más temprano que tarde sus tropas se quedarían sin pólvora, y la expedición de Ordaz al Popocatépetl le daba la oportunidad para obtener azufre y fabricar más pólvora.

Asimismo, Cortés tenía una razón más poderosa para autorizar la expedición de Ordaz al Popocatépetl. De acuerdo con sus informantes, desde las alturas debía divisarse la ciudad de los aztecas, y no porque algunos indígenas la hubieran visto alguna vez desde ese punto, sino porque todos sabían que más allá de los volcanes se encontraba la gran ciudad lacustre. Ordaz podría confirmar si todo lo que hasta entonces sabían de la capital imperial era cierto.

Con la venia de Cortés, dos españoles más se unieron a la expedición de Ordaz, así como un grupo de indígenas que actuarían como guías, pero que marchaban aterrorizados porque sus dioses podrían enojarse y ser inclementes con aquella osadía. Nunca ningún indígena se había atrevido a pasar más allá de un adoratorio que se levantaba en las faldas del volcán y en donde se realizaban sacrificios para mantener felices y contentos a los dioses.

Ni siquiera Cortés sabía si volvería a ver a sus hombres. Hasta ese momento varios españoles de su expedición habían perdido la vida en distintos enfrentamientos a lo largo de su camino a Tenochtitlán; incluso los tlaxcaltecas, antes de hacer las paces con los extranjeros, intentaron aniquilarlos, aunque a las primeras de cambio —y no con pocos muertos de por medio— se percataron de que podrían ser grandes aliados para ajustar cuentas de manera definitiva con los aztecas.

Como lo habían advertido, los indígenas que acompañaban a Diego de Ordaz no subieron más allá del adoratorio y antes de retirarse les advirtieron una vez más que desatarían la furia de los dioses. Pero como a Ordaz los dioses indígenas le quedaban guangos, se encomendó a su dios —el que creía único y verdadero— y comenzó el ascenso con sus compañeros.

Los tres españoles marcharon con buen ánimo y cierto entusiasmo, con la tranquilidad que podía otorgarles estar lejos de la guerra. Era preferible retar a la montaña y a las fuerzas de la naturaleza que enfrentar a los pueblos indígenas. En las últimas semanas, antes de alcanzar la paz con los tlaxcaltecas, se las habían visto negras, pues habían combatido contra ellos días enteros sin dar ni recibir cuartel.

No pasó mucho tiempo antes de que los tres españoles resintieran la falta de oxígeno; a cada paso respiraban con mayor dificultad. Tuvieron que continuar más despacio, descansando un mayor número de veces, pero en intervalos cortos para no perder el ritmo. Era una empresa titánica; además de las sogas, el agua, los víveres y varias mantas de las muchas que cargaban —y que habían recibido como obsequios de los indígenas—, sus armaduras y espadas no hacían más fácil el ascenso, pero como no sabían a ciencia cierta qué encontrarían en la cima, no podían prescindir de nada.

Además, comenzaron a subir con una temperatura agradable, que había descendido drásticamente al paso de las horas, a pesar de que el sol caía a plomo sobre sus espaldas. No entendían qué sucedía ni con su respiración —que se dificultaba cada vez más— ni con la temperatura —que los hacía tiritar de frío—, ya que entonces no se sabía nada de la presión atmosférica (faltaba poco más de un siglo para que los científicos llegaran a la conclusión de que el aire pesaba y eso era lo que estaba haciendo estragos en ellos).

A pesar de todo, Diego de Ordaz no se arredró. Luego de varias horas de ascenso divisaron el cráter a unos metros, aunque detuvieron la marcha súbitamente porque una explosión los obligó a esconderse entre los pedregales. Ahí permanecieron un largo rato, hasta que Ordaz consideró que había pasado el peligro y ordenó que continuaran. No obstante, sus compañeros no pudieron dar un paso más; estaban exhaustos, el volcán los había derrotado.

A diferencia de sus compañeros, Ordaz se había aclimatado. A punto de alcanzar los 5426 metros de altitud que tenía el volcán, continuó solo. Al llegar a la cima sintió que era poderoso. La adrenalina recorría su cuerpo; sentía cómo el oxígeno entraba a sus pulmones para luego expulsarlo. Su entusiasmo era absoluto. Miró detenidamente el cráter, lo rodeaban varias capas de tierra muy fina; había rocas por todos lados, pero ya no había ninguna mata verde. Parecía estar en otro mundo que nada tenía que ver con la selva tropical de Veracruz, ni con los llanos cercanos de Tlaxcala ni con las arenas de la costa.

El cráter era grande y salía humo de su interior. El calor no era insoportable, así que pudo recorrer su circunferencia con la misma calma con la que había realizado el ascenso. No había prestado atención al paisaje que se apreciaba desde la cima hasta que llegó al otro lado del cráter; fue entonces cuando sus ojos se llenaron de asombro, pues se develó ante su mirada algo que lo estremeció: un inmenso lago en el que se reflejaba el cielo y, en el centro, una ciudad que parecía flotar sobre las aguas.

Su corazón latió apresuradamente y sintió escalofríos, aunque esta vez no era por la altura. De inmediato supo que era la ciudad de la que todos los pueblos hablaban, la que le habían referido a Cortés desde que desembarcaron en Veracruz, la ciudad que los enviados de Moctezuma le habían dicho que no visitara, sobre la que pesaba el poderío de todo un imperio; era la legendaria México-Tenochtitlán.

Ordaz no se cansó de observar. La traza de la ciudad era perfecta; se veían con claridad varias calzadas que salían del centro de la isla y la conectaban con tierra firme, un sinnúmero de templos edificados, un acueducto cuya arcada corría desde el poniente; además, era posible apreciar varias poblaciones de distintos tamaños en la ribera del lago en sus cuatro puntos cardinales y miles de canoas que surcaban las aguas en todas direcciones.

El español perdió el sentido del tiempo observando la ciudad, y cuando empezaba a caer la tarde fue testigo de otro grandioso espectáculo: vio cómo de pronto miles de antorchas iluminaron Tenochtitlán en el islote y cómo las poblaciones ribereñas seguían su ejemplo. El español sintió admiración y temor a la vez; ninguna de las ciudades que hasta ese momento conocían los españoles en el Nuevo Mundo se acercaba a las dimensiones de la capital de los aztecas. A plena luz del día o al caer la noche era impresionante.

Tenochtitlán había dejado de ser una quimera que solo se dibujaba en la imaginación de los españoles de la expedición de Cortés; existía, era real, magnífica, y Ordaz tuvo de cierto que ninguna de las descripciones que había escuchado hasta entonces se acercaba a lo que sus ojos veían. Era el primer ser humano que llegaba a la cumbre del Popocatépetl y el primer hombre de la expedición de Hernán Cortés en mirar en todo su esplendor la capital de los aztecas.

El águila y la serpiente

Cuando Hernán Cortés escuchó *Tenochtitlán* en la lengua de los naturales debió de parecerle una palabra casi inteligible, otro vocablo más, sin importancia, que debía aprender.

Marina le enseñó a pronunciarlo, también le explicó las razones por las cuales señores, caciques y embajadores indígenas lo pronunciaban con respeto y con temor. La capital de los mexicas era una ciudad mítica construida por órdenes de los dioses. México era el ombligo de la luna.

El regreso a Tlaxcala de Diego de Ordaz y sus hombres, sanos y salvos, alegró el campamento de los españoles. Sus propios compañeros y los indígenas reconocieron su audacia —tiempo después, el rey de España autorizó que en su escudo de armas incluyera el diseño del volcán, por haber logrado semejante hazaña—.

Cortés lo recibió de inmediato y Ordaz le contó lo que había visto. El capitán general casi pasó por alto la narración de su ascenso al volcán porque estaba más interesado en que le hiciera una descripción detallada de Tenochtitlán.

Ordaz le dijo que todo lo escuchado hasta ese momento no le hacía justicia a la capital de los aztecas, que había visto «un nuevo mundo de grandes poblaciones y torres, y una mar, y [que] dentro de ella [había] una ciudad muy grande edificada». Agregó que, incluso «venía espantado de lo que había visto»; era tan impresionante que provocaba temor.

Ya no se trataba de pequeñas poblaciones o de pueblos de tamaño regular y bien organizados con sus templos; Tenochtitlán estaba en otro nivel y tenía otras dimensiones, era la ciudad entre las ciudades y los regalos —ricos en oro y plata, joyas y mantas, alimentos de todo tipo— que continuamente recibían de Tenochtitlán correspondían fielmente a la importancia y la majestad de un gran señor, un soberano por encima de todos los otros señores de aquellas tierras. No había exageración en lo que se mencionaba de Tenochtitlán y seguramente tampoco en lo que se hablaba del emperador Moctezuma.

Y sin embargo, a pesar de todas las descripciones, de las narraciones que traían los embajadores de Moctezuma, de las pláticas que continuamente sostenía con Marina, incluso de lo que había referido Diego de Ordaz, en el imaginario de Cortés Tenochtitlán seguía siendo una ciudad más, quizá como Tlaxcala, pero no equiparable a ninguna urbe europea, de las que sabía solo de oídas o por descripciones, porque siendo un hidalgo pobre, no había tenido oportunidad de salir de la península ibérica antes de embarcarse rumbo a América.

La única certeza de Cortés era que las naciones indígenas con las que se había topado a lo largo de su trayecto desde la fundación de la Villa Rica de la Vera Cruz y hasta llegar a Tlaxcala eran, por mucho, superiores a las poblaciones indias que había conocido en La Española y en Cuba, y que, si Tenochtitlán era en verdad lo que decían de ella, no habría nada que pudiera impedirle llegar hasta la capital azteca.

Cortés ya no podía quitarse de la cabeza el nombre de Tenochtitlán y doña Marina le refirió al capitán general las historias que le habían contado de niña o las que escuchó siendo esclava, con las que había crecido y las que se conocían más allá de las fronteras del imperio.

Los grandes señores contaban que allá por el año 2 Casa (1116 de nuestra era), en un sitio llamado Aztlán («el lugar de las garzas»), habitaban varias tribus cuyo dios principal era Huitzilopochtli.

En una ocasión, luego de alguna ceremonia ritual donde corrió el pulque en generosas proporciones, a uno de los señores principales se le apareció entre sueños el temible dios y le dijo que era necesario abandonar Aztlán e iniciar una peregrinación hasta encontrar el lugar donde había sido arrojado el corazón de su sobrino Copil, que cayó encima de una piedra, y del cual nació un tunal tan grande y hermoso que un águila había hecho en él su morada.

Palabras más, palabras menos, las tribus de Aztlán debían encontrar la señal divina: un águila posada en un nopal rodeada de «mucha cantidad de plumas verdes, azules y coloradas, amarillas y blancas de los galanos pájaros con que esa águila se sustenta», y en ese lugar fundar su nueva ciudad. Otras versiones señalan que el águila debía estar devorando a una serpiente —al menos así lo refería la historia oficial azteca que mandó escribir Izcóatl, cuarto tlatoani de Tenochtitlán, cuando comenzaba el esplendor del imperio—.

La peregrinación partió de Aztlán en 1116. Por razones desconocidas, tardó un siglo en llegar al valle de México y otro centenar de años en encontrar la señal divina que hallaron en un islote en medio de un gran lago. Ocho generaciones habían transcurrido desde que los primeros peregrinos dejaron el lugar de las garzas hasta que finalmente pudieron echar raíces.

En el año 1325, en aquel sitio inhóspito, los aztecas fundaron México-Tenochtitlán. Curiosamente, el pueblo del sol cerraba el círculo de su propia historia en algo que parecía la vuelta a sus orígenes: llegaban al valle de México para establecerse en un lugar semejante al que dejaron siglos atrás. La mítica Aztlán de donde habían partido se erigía sobre un islote en medio de una laguna. La nueva ciudad se levantaría también en un islote, rodeada de varios lagos.

La adversidad acompañó a las tribus aztecas a lo largo de su peregrinación, que por momentos se tornó desastrosa. Parecía que sus dioses habían decidido ponerlos a prueba una y otra vez, antes de encontrar la dichosa señal, pero el pueblo del sol resistió con estoicismo, no se doblegó en ningún momento, hasta cumplir con la profecía.

Y como claudicar no estaba entre sus planes, cuando los aztecas tuvieron que alimentarse de alimañas, serpientes e insectos, lo hicieron con resignación; cuando fueron obligados a ser tributarios de los pueblos vecinos del valle de México, aceptaron su triste condición; cuando las alianzas militares se hicieron necesarias, no rehuyeron su destino, más bien demostraron que sabían hacer la guerra. Durante un siglo los mexicas deambularon por el valle antes de establecerse en forma definitiva en 1325.

El islote donde fundaron México-Tenochtitlán no era un paraíso mítico, y si lo era para Huitzilopochtli, seguramente su dios tenía un concepto erróneo de lo que era un paraíso. Se trataba de un pedazo de tierra inhóspita, con escasa vegetación donde predominaban los cañaverales, apenas elevado sobre el nivel de las aguas, vulnerable a las inundaciones y rodeado de lagos, el mayor de los cuales, Texcoco, era salobre y el otro, Xochimilco, era de agua dulce mas no potable y tenía un desagradable sabor a causa de los juncos y otras hierbas acuáticas que crecían en las orillas.

Y, sin embargo, nadie estaba dispuesto a decirle que no a Huitzi-lopochtli; por lo tanto, si ahí habían encontrado el águila, ese era el sitio indicado. Lo cierto es que la isla también era un punto estraté-gico y su mayor ventaja la proporcionaban las aguas que la rodeaban.

Por otro lado, los aztecas eran un pueblo guerrero por naturaleza —su origen era chichimeca, como se le llamaba a tribus bárbaras del norte—; además, parte de sus tradiciones ancestrales —que se re-montaban a la mítica Aztlán— enseñaban sobre el uso y el usufructo del agua, así que los aztecas iniciaron la construcción de su nueva ciudad con tres recursos: agua, tierra y guerra.

Pero no todo podía ser felicidad. A pesar de su pobreza natural, la isla tenía dueño: pertenecía al señorío de Azcapotzalco —los reyes del barrio en esos tiempos—, de tal forma que, para permanecer en ella, el pueblo de Huitzilopochtli aceptó convertirse en tributario y aliado de los tecpanecas. Transcurrirían otros 100 años antes de que los aztecas modificaran las condiciones políticas de la región y se eri-gieran como la nación más poderosa. Fue bajo el reinado de Itzcóatl (cuarto monarca mexica, de 1426 a 1440) cuando derrotaron al señor de Azcapotzalco y alcanzaron su independencia. La victoria no dejó lugar a dudas, había llegado el tiempo de México-Tenochtitlán.

El pueblo del sol utilizó todos los elementos que el entorno pro-porcionaba naturalmente. El agua fue su gran aliada, con ella pudie-ron erigir una ciudad imperial donde no existía nada. Para la nación azteca, islas y lagos se repetían como elementos que marcaban el principio y fin de su historia.

El islote de la región del Anáhuac era la última parada en la le-gendaria peregrinación: de la isla de Aztlán partieron y, casi 100 años después, cerca de Teotihuacán, crearon un lago artificial de donde emergía Coatepec —donde habitaba Coatlicue, la madre de los dio-ses, y donde había nacido su hijo Huitzilopochtli— y cuando este lago se inundó continuaron su camino, siempre buscando un lago, siempre buscando una isla, hasta que les fuera develada la señal. Cier-tamente sabían cómo edificar en medio del agua.

El islote carecía de los recursos materiales necesarios para las cons-trucciones grandes y sólidas. Solo podían obtenerse de las poblaciones ribereñas asentadas alrededor de los lagos. Entonces, los aztecas dispu-sieron de las aguas para conseguir peces, renacuajos, ranas, camaronci-llos, moscos acuáticos, culebras del agua, gusanillos laguneros y patos, que ofrecieron a cambio de madera, piedra, cal y algunos alimentos producidos en tierra firme. Ya sin el dominio tecpaneca, rápidamente se convirtieron en amos y señores del comercio lacustre.

La ciudad que comenzaba a edificarse fue ganando espacio al lago. A través del sistema de chinampas —tierra artificial flotante—, la extensión territorial de la isla aumentó considerablemente. Los aztecas pudieron producir lo que en un principio el inhóspito lugar les había negado: legumbres, tomate, jitomate, maíz, frijol, chía, además de flores y plantas que adornaban los jardines de las casas y los palacios señoriales que tanto admirarían los españoles.

Cuando Cortés y sus hombres llegaron a Tenochtitlán en 1519 antes de iniciar la conquista, en el sistema de canales y en toda la extensión del lago podían contarse hasta 200000 canoas que navegaban sin problemas de tránsito acuático.

Una vez que dominaron la navegación y el comercio lacustre, y con la capacidad para acrecentar el área de la isla, los aztecas otorgaron a la ciudad una doble fisonomía que conjuntaba la tierra y el agua. Los mexicas consideraron elementos estratégicos políticos, económicos e incluso naturales —viento, profundidad del agua, orientación de los lagos— para proyectar una red integral de canales y calzadas que hicieron de la capital azteca una ciudad funcional, perfectamente comunicada al interior y al exterior, bien abastecida y militarmente segura. Los españoles reconocerían tiempo después la excelente planeación urbana de México-Tenochtitlán.

Las calles de Tenochtitlán eran de tierra o agua. Las de agua se encontraban a espaldas de las casas y cada construcción tenía su pequeño embarcadero donde la gente podía abordar sus canoas y transitar libremente por las acequias. Las calles de tierra pasaban por el frente de las casas, eran estrechas y apenas cabían dos personas caminando juntas. Por las acequias entraban y salían todos los productos que abastecían a Tenochtitlán; asimismo, los servicios públicos, por ejemplo el de limpieza, se realizaban a través de los canales. No había vecino que no contara con su propia canoa.

Poco a poco la ciudad dejó de ser un miserable islote para convertirse en la gran ciudad, pero pese a estar rodeado por el lago, sus aguas no eran apropiadas para su consumo.

Al momento de asentarse en el islote, las salobres aguas del lago de Texcoco lo rodeaban por completo y solo en el sur se mezclaban con las aguas dulces de Xochimilco que, si bien no eran potables, favorecían la agricultura en chinampas. Por esta razón, para la capital azteca era imprescindible que las aguas dulces rodearan México-Tenochtitlán y el lago de Texcoco fuera contenido; necesitaban evitar la mezcla de ambas e impedir al mismo tiempo una posible inundación, en caso de que el nivel del lago aumentara.

Los aztecas construyeron tres calzadas-dique que comunicaban a la isla con tierra firme. Su principal función era regular el nivel de las aguas, facilitar su evaporación, permitir su entrada y salida y controlarlas para favorecer el tránsito en los canales o acequias internas.

Hacia el poniente de la isla corría la calzada principal llamada Tlacopan (Tacuba), por la cual los españoles pondrían pies en polvorosa durante la batalla de la Noche Triste. Hacia el sur, México-Tenochtitlán tocaba tierra a través de la calzada de Iztapalapa, por donde Cortés, sus hombres y aliados llegarían a la capital imperial. Finalmente, la calzada del Tepeyac estaba orientada hacia el noreste. En caso de amenaza militar, las tres contaban con distintos cortes, compuertas y puentes móviles que podían retirarse en un instante, lo cual dejaba aislada a la capital azteca y lista para su defensa.

Pero la obra hidráulica más importante y la que impresionó a Cortés cuando la vio en funcionamiento fue la albarrada de los indígenas, también llamada de Netzahualcóyotl. En 1449, bajo el reinado del quinto monarca azteca, Moctezuma Ilhuicamina (1440-1468), la ciudad se inundó por causas naturales. No era la primera vez, pero desde la fundación de la ciudad era la inundación más severa y la que mayores daños había provocado.

Durante mucho tiempo, las calles de tierra quedaron cubiertas por las aguas y los habitantes de la ciudad solo podían moverse en canoas. El problema no era que las aguas volvieran a su nivel, sino que no volviera a suceder.

Netzahualcóyotl, rey de Texcoco, le aconsejó al tlatoani azteca que construyera una cerca de madera y piedra que detuviera la fuerza de las aguas para que ya no llegaran a la ciudad. Con todo y que el rey poeta tenía muchos seguidores y su palabra era digna de toda confianza, a los señores de Tenochtitlán les pareció una locura; detener las aguas del lago parecía solo posible para los dioses aztecas. Sin embargo, pusieron manos a la obra.

Todos los señoríos cercanos contribuyeron en la empresa. Miles de hombres y recursos se utilizaron para la obra, y gracias a esto se terminó en poco tiempo. Con una longitud de 16 kilómetros —varios de los cuales se construyeron en el agua— y quince metros de ancho,

la albarrada de Netzahualcóyotl dividió la laguna en dos: la del orien-
te, de aguas saladas, que siguió llamándose de Texcoco, y la occiden-
tal, cuyas aguas —que se volvieron dulces— rodeaban a la metrópoli,
y se denominó laguna de México. Una efigie del dios Huitzilopochtli
coronaba la magna obra.

A salvo de las inundaciones y con agua dulce rodeando la ciudad
imperial, los aztecas jamás concibieron desecar el lago de Texcoco
—como lo hicieron los españoles tiempo después— y explotaron
sus aguas para producir sal, lo cual les proporcionó un elemento más
para consolidar su poderío frente a los pueblos vecinos, a quienes
abastecían del preciado condimento. Antonio de Solís, cronista de
indias, dejó en su *Historia de la conquista de México* una descripción
de la gran división lacustre que realizaron los aztecas, tal y como los
españoles la vieron por vez primera, en 1519:

> Tendría este pequeño mar treinta leguas de circunferencia
> y los dos lagos que le formaban se unían y comunicaban
> entre sí por un dique de piedra que los dividía, reservando
> algunas aberturas con puentes de madera, en cuyos lados
> tenían sus compuertas levadizas para cebar el lago inferior
> siempre que necesitaban de socorrer la mengua del uno con
> la redundancia del otro: era el más alto de agua dulce y cla-
> ra donde se hallaban algunos pescados de agradable man-
> tenimiento [la laguna de México formada por las aguas
> del lago de Xochimilco] y el otro de agua salobre y oscura
> [Texcoco], semejante a las marítimas; no porque fuesen de
> otra calidad las vertientes de que se alimentaba, sino por
> vicio natural de la misma tierra donde se detenían, gruesa
> y salitrosa por aquel paraje; pero de grande utilidad para la
> fábrica de la sal.

Y ya entrados en gastos, para el abastecimiento de agua potable en
Tenochtitlán fue necesaria la construcción de un acueducto. Desde
tiempos del segundo tlatoani, Huitzilihuitl (1417-1426), los aztecas
lograron que el señor de Azcapotzalco autorizara la construcción
de un acueducto desde Chapultepec, que con el tiempo llegaría a ser
otra de las grandes obras del imperio azteca y su principal fuente de
abastecimiento de agua.

Cuando los españoles llegaron a México, el acueducto de Chapultepec era tan funcional como los utilizados en Europa. Contaba

LAS CARAS OCULTAS DE HERNÁN CORTÉS

con dos canales; mientras por uno corría el «agua más clara que el cristal», el otro era sometido a limpieza y mantenimiento. Al llegar a la ciudad, una parte del agua se destinaba a los palacios y casas de los señores a través de conductos subterráneos. El resto se distribuía en canoas. En una de sus cartas de relación a Carlos V, Hernán Cortés describió el magnífico acueducto:

> Vienen dos caños de argamasa tan anchos como dos pasos cada uno [...]; por uno de ellos viene un golpe de agua dulce muy buena, del grosor de un cuerpo de hombre, que va a dar al cuerpo de la ciudad, del que se sirven y beben todos. El otro que va vacío es para cuando quieren limpiar el otro caño, porque echan por allí el agua en tanto que se limpia [...], echan la dulce por unas canales tan gruesas como un buey y así se sirve toda la ciudad. Traen a vender el agua por canoas por todas las calles: y la manera como la toman del caño es que llegan las canoas debajo de los puentes, por donde están las canales y ahí hay hombres en lo alto que sirven el agua a las canoas.

Con el acueducto de Chapultepec en funcionamiento, el octavo monarca azteca, Ahuizotl (1486-1502), ordenó la construcción de otro para llevar agua desde Coyoacán a fin de mantener fresca la ciudad y esplendorosos sus jardines. Siendo tributario de los mexicas, el señor de Coyoacán no se rehusó a ceder sus fuentes, pero advirtió que en ocasiones las aguas salían de manera incontenible de lo más profundo de la tierra, así que en Tenochtitlán debían tener mucho cuidado para que no fuera a inundarse toda la ciudad.

Ahuizotl consideró esta advertencia en plan de buen vecino y pueblo tributario como una amenaza y una afrenta, un abierto desafío a su poder, así que mandó matar al señor de Coyoacán —nadie le dice que no a un tlatoani—. Tiempo después se inauguró fastuosamente la nueva obra y el agua comenzó a llegar a la ciudad.

Desde luego, no había señor de Coyoacán que pudiera expresar «se lo dije», pero los hechos demostraron que el difunto había actuado de buena fe, porque el agua llegó con tanta fuerza a Tenochtitlán que parecía querer subirse por las paredes de las casas y en un santiamén la ciudad quedó completamente cubierta y destruida por las aguas de Coyoacán. Mucha gente pereció tratando de escapar.

«Ahogado el niño, a tapar el pozo», así que ante los hechos consumados, el tlatoani ordenó cerrar la fuente de inmediato, pero el daño estaba hecho: México-Tenochtitlán tendría que reedificarse sobre el fango y los restos de la ciudad. En medio de la gran inundación, al tratar de salir de su palacio para ponerse a salvo, Ahuizotl El Necio se pegó en la cabeza y falleció horas después.

Los graves daños que presentaba la ciudad no impidieron que los señores de Tenochtitlán eligieran a un nuevo tlatoani. Después de varias deliberaciones fue electo Moctezuma II, quien tendría que dedicar los primeros años de su reinado a la reconstrucción de la capital del imperio, que coincidieron con el tiempo en que los españoles colonizaron La Española, en Santo Domingo, y se lanzaron a la conquista de Cuba, en la que participó un joven hidalgo que tiempo después ataría su destino al de Tenochtitlán.

CAPÍTULO 3

LOS PROTAGONISTAS DEL DRAMA

Cortés: comer con trompetas o morir ahorcado

Hernán Cortés nació siete años antes de que la historia universal diera un giro de 180 grados con el descubrimiento del Nuevo Mundo. Era el verano de 1485, por entonces Cristóbal Colón daba vueltas por Europa buscando patrocinio para su expedición. Los Reyes Católicos, Fernando de Aragón e Isabel de Castilla, encabezaban los últimos años de la campaña de reconquista para expulsar a los moros de la península ibérica. En Inglaterra estaba por terminar el breve reinado de Ricardo III —a quien tiempo después le daría fama William Shakespeare— y en Tenochtitlán mandaba Tizoc, el séptimo tlatoani azteca.

Hernán fue el primogénito de Martín Cortés y Catalina Pizarro y, como todo hijo único que se precie de serlo, fue un niño enfermizo; incluso estuvo a punto de morir, pero gracias a su nodriza María Esteban, que no dejó de alimentarlo en ningún momento, y a la devoción de sus padres por el apóstol San Pedro logró sobrevivir.

Originario de Medellín, en la región de Extremadura, Cortés tuvo una familia con buen apellido, aunque pobre. Por eso, al cumplir 14 años de edad, sus padres lo enviaron a la Universidad de Salamanca para que estudiara leyes y pudiera construirse un futuro mejor.

Pero el joven Hernán no estaba hecho para el estudio. Permaneció un par de años en Salamanca, aprendió latín y algunos principios de derecho, pero interrumpió su carrera, quizá porque no despertó su interés o porque no encontró motivación alguna para terminarla. Entonces, aprovechó que cayó enfermo de una especie de malaria —le daban fiebres intermitentes— para volver a Medellín, donde pudo recuperarse tiempo después.

Gran decepción provocó en don Martín y doña Catalina ver de vuelta a su hijo en la villa donde había nacido, como si con eso hubiera cortado de tajo su futuro. Además, regresó en plena adolescencia, así que se convirtió en un dolor de cabeza permanente para sus padres, pues era «bullicioso, altivo, travieso, amigo de las armas». Encima, tenía una debilidad que no era producto solamente de las hormonas del adolescente y que lo acompañó toda su vida: era profundamente enamoradizo y la pasión le ocasionó varios contratiempos.

Pero, por más esperanzas que sus padres pusieran en Cortés, lo cierto es que la España de finales del siglo xv no ofrecía grandes posibilidades para los hidalgos pobres. Por eso, el descubrimiento de un nuevo continente revolucionó todo.

Hernán tenía 17 años cuando decidió echarse a la mar y buscar su destino en el Nuevo Mundo. En 1502 se cumplían 10 años del descubrimiento de América y casi todo el nuevo continente pertenecía a España. Para nadie era un secreto que en aquellas tierras las posibilidades y los sueños podían multiplicarse.

Cortés decidió dejar atrás Medellín y la España de sus padres en 1502, el mismo año en que Moctezuma II subió al trono de Tenochtitlán. Dos universos distintos, dos historias que comenzaban a escribirse y que se cruzarían años después.

Pero mientras Moctezuma se encontraba en la cima del poder, el joven Cortés se metía en problemas bajo la sabia frase de que «dos tetas jalan más que dos carretas». Estaba a punto de embarcarse rumbo a La Española en Santo Domingo cuando la pasión tocó a su puerta: se enredó con una mujer casada y terminó cayendo de una barda y enfrentando a un marido recién casado, bastante ofendido, por cierto.

Sus amoríos lo llevaron a perder dos años, o al menos a posponer sus planes. Primero, porque tardó varios meses en recuperarse de la caída, y segundo, porque las flotas que iban a América solo partían dos veces al año desde Sevilla. Así que en tanto se presentaba una nueva oportunidad para viajar, se estableció en Valladolid, donde se encontraba asentada la corte. Ahí pudo colocarse con un escribano —que no era otra cosa que un notario que daba fe pública y redactaba documentos como contratos, testamentos y escrituras—, por lo que aprendió bien el oficio.

Después de tanto circo, maroma y teatro, a los 19 años de edad, en 1504, Hernán Cortés pudo embarcarse hacia La Española, único sitio en América donde habían podido establecerse los españoles a plenitud. La colonia ya contaba con su gobierno, conventos, escuelas, cárcel, y era el lugar desde donde partían las nuevas expediciones para continuar explorando el Nuevo Mundo.

«Mal empieza la semana para el que ahorcan en lunes», debió de pensar el joven Cortés cuando desembarcó en La Española y se percató de que el oro no se daba en macetas. Las primeras exploraciones al Nuevo Mundo generaron una serie de leyendas en torno a sus inmensas riquezas. Se decía que había ciudades de oro, piedras preciosas a ras del suelo y todo tipo de joyas, mitos suficientes para alentar la avaricia de los aventureros.

Cortés fue presa de estas leyendas y se imaginó como un próspero hidalgo en poco tiempo, pero no fue así. Tuvo que picar piedra, trabajar arduamente, arriesgar su vida. Pasó siete años en La Española en condiciones muy precarias. Participó como soldado en algunas campañas de pacificación en la isla, lo que le ganó que lo nombraran escribano en la villa de Azúa y, aunque parecía un cargo importante, apenas le daba para vivir con modestia.

Esos años de soldado le dieron otro tipo de beneficios que no representaban lujos ni le quitaban el hambre, pero le permitieron convertirse en un extraordinario jinete y manejar con precisión y destreza la espada, habilidades que perfeccionaría pocos años después en la conquista de Cuba.

A pesar de la natural impaciencia de la juventud, Cortés no desesperó. Tragó sapos, vivió con austeridad, pero, según cuenta su biógrafo Francisco Cervantes de Salazar, él mismo estaba convencido de que le esperaba un futuro promisorio, de que tarde o temprano la gloria y la fortuna tocarían su hombro.

Durante los años en Santo Domingo, Cortés se soñó cubierto de ricos paños y servido por mucha gente. Convencido de que Dios le tenía preparada una gran misión, les expresó a sus amigos que «había de comer con trompetas o morir ahorcado».

Moctezuma, el que se muestra enojado

El noveno tlatoani de los aztecas subió al trono de Tenochtitlán en 1502, cuando se cumplían diez años de que Cristóbal Colón se topara con una serie de islas que consideró eran las Indias, sin saber que había llegado a un nuevo continente.

En ese entonces, los españoles desconocían que al poniente de las islas descubiertas por el almirante genovés se encontraba todo un continente. Mucho menos imaginaban que en su interior se levantaba el imperio indígena más poderoso de su época.

Los mexicas, por su parte, no sabían aún de la presencia de los españoles. Tenían sometidos a casi todos los pueblos de su entorno y gobernaban a diestra y siniestra. La mar parecía poner distancia definitiva entre ambos mundos y, al menos por entonces, Moctezuma estaba atento tan solo a lo que sucedía dentro de los dominios del imperio.

Grave, melancólico, aprensivo y supersticioso; astuto, sagaz y prudente, así era Moctezuma Xocoyotzin. Solía ser áspero y cortante en su hablar; lo hacía con determinación, pero también era muy cortés, como solía ser el carácter de los mexicas, lo cual llamó la atención de los españoles. Su nombre significaba «el que se muestra enojado».

Nacido alrededor de 1467, era hijo del sexto tlatoani azteca, Axayácatl y hermano de Cuitláhuac, quien lo sucedería en el trono de Tenochtitlán tras su muerte en 1520; además, era nieto del rey poeta, Netzahualcóyotl.

Su nacimiento marcó su futuro. Si bien, nadie sabía si algún día llegaría a gobernar Tenochtitlán, cuando menos tenía el principal requisito para serlo: pertenecía al linaje de los que podían ser elegidos. Solo tenían derecho al trono quienes fueran descendientes del primer tlatoani: todos los gobernantes de Tenochtitlán fueron hijos, nietos o bisnietos de Acamapichtli. Así que Moctezuma no podía rehuir a su destino dentro de la nobleza mexica, por lo que fue educado para gobernar.

Ingresó al calmécac poco después de cumplir siete años de edad. Ahí preparaban a los alumnos para ser sacerdotes, guerreros o para ocupar los altos cargos del gobierno. Su formación era integral: recibían lecciones de historia, astronomía, medición del tiempo, música, filosofía y religión, hábitos de limpieza, economía, pero sobre todo disciplina y valores morales.

La férrea disciplina de la escuela marcó la infancia y juventud de Moctezuma. Los alumnos debían levantarse por las noches para ir al monte a ofrecer incienso a los dioses, se pinchaban el cuerpo con púas de maguey para ofrecer su sangre y se bañaban con agua helada a medianoche. Hacían penitencia constantemente, ayunaban y practicaban la abstinencia.

El joven Moctezuma asumió sus deberes con estoicismo y aunque solo era un adolescente participó en sus primeras campañas militares, donde demostró sus dotes para la guerra: era valiente, tenía un sentido natural para la estrategia militar y combatía con ferocidad. Por sus virtudes al enfrentar a sus enemigos, fue reconocido con una importante distinción militar: «señor de la casa de las flechas».

Pero no era todo, Moctezuma era un hombre profundamente religioso y estudioso de la fe, de los ritos y de las tradiciones, así como conocedor del panteón de los dioses mexicas. Lo que le permitió llegar a ser un importante sacerdote. Ya en plena madurez, era reconocido como una persona sensible, con un gusto particular por las artes, con mucho sentido de la política y, además, sencillo y humilde.

En 1502 falleció Ahuizotl. Moctezuma fue elegido para sucederlo en el trono por un consejo formado por 30 señores de la nobleza azteca, así como por los reyes de Texcoco y Tacuba, naciones aliadas de los mexicas con las que Tenochtitlán formaba la triple alianza. Cuando los encargados de comunicar la decisión del consejo acudieron a darle la noticia, Moctezuma se encontraba, escoba en mano, barriendo el adoratorio de Huitzilopochtli, en lo alto del Templo Mayor.

El noveno tlatoani de Tenochtitlán asumió el cargo en una solemne ceremonia en la que los señores principales, a través de varios discursos, le recordaron las obligaciones que debía observar y su compromiso con su pueblo.

«Era el gran Moctezuma de edad de hasta cuarenta años», escribió años después Bernal Díaz del Castillo sobre el emperador azteca, «de buena estatura y bien proporcionado y cenceño y pocas carnes y el color ni muy moreno, sino propio color y matiz de indígena, y traía los cabellos no muy largos, sino cuanto le cubrían las orejas, y pocas barbas, prietas y bien puestas y ralas y el rostro largo y alegre, y los ojos de buena manera y mostraba en su persona, en el mirar por un cabo amor y cuando era menester gravedad; era muy pulido y limpio; bañábase cada día una vez a la tarde».

Moctezuma reorganizó al imperio; abrió las puertas a jóvenes para que ocuparan los cargos de funcionarios, aunque los de más alto nivel los otorgó a la nobleza mexica.

Consciente del significado de la guerra, continuó la expansión del imperio y el sometimiento de otros pueblos. Logró conquistar la región del Soconusco, lo que impulsó el arte plumario en Tenochtitlán, porque se abasteció de plumas de quetzal que los aztecas comenzaron a recibir como tributos de aquella región. También sometió a varias ciudades cercanas a las costas de Veracruz. Con su poderío militar aumentó los tributos, exigió mayores cautivos para los sacrificios humanos y mandó construir un palacio tan magnífico que ningún soberano de Europa tenía, según relató Hernán Cortés.

Desde el principio de su reinado, Moctezuma prohibió que sus súbditos lo miraran de frente; quienes solicitaban audiencia debían presentarse descalzos, cubiertos con mantas de poco valor —aunque fueran grandes señores— y no podían alzar la vista ante su presencia. Una vez en el salón de recepciones, el protocolo indicaba que debían saludarlo con tres reverencias: «Señor, mi señor, mi gran señor», y al terminar la audiencia debían retirarse sin darle la espalda ni alzar la vista.

Fray Toribio Benavente Motolinía escribió en *Historia de los indígenas de la Nueva España*: «Para entrar en su palacio, todos se descalzaban y los que entraban a negociar con él habían de llevar mantas groseras encima de sí; y si eran grandes señores o en tiempo de frío, sobre las mantas buenas que llevaban vestidas, ponían una manta grosera y pobre; y para hablarle, estaban muy humillados y sin levantar los ojos».

Moctezuma era dado a consultar los asuntos de Estado, a solicitar consejo, a pedir opinión. Y a pesar de la solemnidad con que se desenvolvía en la corte —le gustaba que lo llevaran en andas cuando salía de su palacio—, era un gobernante risueño «aficionado a placeres y cantares», que de pronto podía carcajearse y era capaz de bromear con ironía, por lo que en el palacio no faltaban los malabaristas, bufones, enanos y jorobados para alegrarlo, y siempre había música en sus aposentos. Sí, a pesar de ser el huey tlatoani, era un hecho: Moctezuma también reía, y más cuando la paz y la tranquilidad en los dominios de su imperio parecían reflejarse en la eternidad.

El compadre Velázquez

Hernán Cortés era un hombre de palabra fácil, buen conversador y dicharachero. Le gustaba hablar con refranes y proverbios y para cada situación echaba mano de alguno. Medía alrededor de un metro y 60 centímetros, era de buen talante, carismático, elocuente, y cuando los hechos no le daban la razón, la vehemencia con que argumentaba y la convicción con que defendía sus dichos parecían mostrar lo contrario.

Diego Velázquez era 20 años mayor que Cortés. Cuando lo conoció, le vio arrestos, energía y voluntad, así que lo convenció de marchar a su lado a la conquista de Cuba, en 1511. Cansado de su situación en La Española, Cortés no dudó, preparó sus cosas y se sumó a la expedición.

Velázquez había llegado a América unos años antes que Cortés; formó parte de la tripulación que en 1497 acompañó a Colón en su tercer viaje y participó en la pacificación de La Española a partir de 1498. Era ambicioso, pero se caracterizó por el buen trato que daba a los indígenas, por lo que pudo hacerse de una buena fortuna; incluso se convirtió en uno de los hombres más ricos de La Española y gracias a ello tuvo los recursos suficientes para financiar personalmente la expedición a Cuba, previa autorización del virrey Diego Colón.

Velázquez no se equivocó al llamar a Cortés; con 300 españoles lograron someter a los naturales de Cuba. Además, contaba con la amistad de fray Bartolomé de las Casas, que se convertiría en uno de los grandes críticos de Cortés luego de su rompimiento definitivo con Velázquez.

Don Diego era un hombre de reconocida bondad, alegre y jovial que disfrutaba de las pasiones dionisiacas; bebía y comía generosamente, así que era un tipo regordete, gentil, prudente, pero firme. Sus enojos duraban lo que un suspiro, pero no está de más decir que, unos años después, Hernán Cortés lograría sacarle todos sus demonios al mismo tiempo.

Velázquez procuró que la conquista de Cuba no fuera cruenta. En La Española sus compañeros casi acabaron con la población nativa, por lo que fue necesario llevar esclavos negros. Puesto que no quiso que se repitiera la misma situación, se fue con tiento. Sin embargo, tuvo que ajusticiar a Hatuey, un cacique indígena fugitivo de La Española, quien había marchado a Cuba para advertir a los naturales de las intenciones de los españoles.

No permitió mayores excesos contra la población nativa. Desafortunadamente, no pudo evitar una matanza de indígenas que ocasionó la estupidez de Pánfilo de Narváez, otro de los futuros enemigos de Cortés. Para no derramar más sangre, Velázquez le encargó a Las Casas que vigilara a los conquistadores establecidos en Cuba y que denunciara cualquier exceso.

La campaña en la isla no representó grandes retos, pues los naturales ofrecieron escasa resistencia, pero fue suficiente para que Cortés se ganara la confianza de Velázquez. A partir de ese momento se volvió su mano derecha.

En 1514, afloraron las primeras diferencias entre ambos personajes. Cortés se unió a varios colonos descontentos con las decisiones que tomaba Diego Velázquez, por entonces ya gobernador de Cuba, quien consideró el hecho como una traición y ordenó que fuera aprehendido. Quiso colgarlo como escarmiento e intentó enviarlo a La Española, pero Cortés logró escapar y, en una decisión por demás temeraria que pudo costarle la vida, se las ingenió para meterse en los propios aposentos de Velázquez para explicarle su conducta.

Cortés la libró una vez más, pero dejó de contar con el favor de don Diego. Sin embargo, su extraña amistad, si es que la había en realidad, continuó. Entre 1514 y 1515, llegó a Cuba Catalina Juárez, moza de María de Cuéllar, esposa de don Diego. El enamoradizo Cortés no le hizo el feo a la dama, quizá solo por su conveniente cercanía con la esposa de Velázquez, quizá porque no podía resistirse a mujer alguna, pero lo cierto es que no había ningún interés material por Catalina, mujer pobre que apenas tenía con qué vestirse y sin dote que ofrecer si llegaban a casarse.

Acerca de ella, el propio Cortés expresó: «No era mujer industriosa ni diligente para entender en su hacienda ni granjearla ni multiplicarla en casa y fuera de ella, antes era mujer muy delicada y enferma». Aparentemente no había nada en Catalina que resultara atractivo para Hernán, pero parece que más temprano que tarde sí lo hubo y terminaron contrayendo matrimonio.

Más extraño aún resultó que el gobernador de Cuba, quien había ordenado colgar a Cortés tiempo antes, aceptara ser su padrino de bodas, e incluso más adelante se hicieran compadres: Diego Velázquez fue el padrino de bautizo de una hija de Cortés, aunque se desconoce si Catalina Juárez fue la madre…

A pesar de todo, el matrimonio empezó con buenos augurios. La situación de Cortés había mejorado considerablemente: ya contaba con tierras, indígenas para trabajarlas y podía extraer algo de oro. Su participación en la conquista de Cuba le había traído beneficios y al menos por unos años la pasó bien con Catalina. Incluso, llegó a ser alcalde de Santiago.

Tiempo después le confesó a fray Bartolomé de las Casas que «estaba tan contento con ella como si fuera una duquesa». Lo haya dicho con honestidad o no, lo cierto es que cuando Cortés se lanzó a la conquista de México en 1519, Catalina ya no le quitaba el sueño ni lo hacía suspirar.

Por otro lado, por muy compadres que fueran, Diego Velázquez no contempló a Cortés en dos importantes expediciones que también financió con sus propios recursos en 1517 y 1518. Había llegado el tiempo de iniciar la exploración del continente.

Los presagios del emperador

«Demasiado supersticioso», así describieron a Moctezuma los cronistas de la conquista, como si ese hubiera sido uno de sus pecados como gobernante, pero al inicio del siglo XVI no era extraño que lo fuera.

En todo caso, mexicas y españoles lo eran. Sin importar sus religiones, temían a las cosas que no podían explicar; en ambas culturas había hechiceros, brujas, creaturas monstruosas, espectros y todo tipo de historias que erizaban la piel de quienes las escuchaban.

La tierra siempre era el lugar donde los dioses dirimían sus conflictos, iban y venían señalando el destino de los hombres. También era el lugar donde los monstruos marinos podían asolar a las embarcaciones, de ahí que cruzar el océano Atlántico para llegar al Nuevo Mundo implicara una hazaña temeraria.

Los mexicas tenían una serie de mitos fundacionales que solo se explicaban a la luz de lo sobrenatural. El origen de Huitzilopochtli estaba teñido en sangre. Según contaban los antiguos, Coatlicue era madre de la diosa Coyolxauhqui y de los cuatrocientos surianos. En una ocasión, mientras barría su morada en el cerro de Coatepec, cayó del cielo una pluma que recogió y colocó en su seno. En ese momento quedó embarazada; de su vientre nacería Huitzilopochtli.

Celosa, su hija Coyolxauhqui conspiró con sus hermanos para matar a su madre, pero antes de que pudieran hacerlo nació Huitzilopochtli ya como un guerrero, armado y vestido para la guerra. Él salvó a su madre, mató a sus 400 hermanos —que se convirtieron en los dioses de las estrellas del sur— y le arrancó la cabeza a Coyolxauhqui; luego, aventó su cuerpo desde lo alto del cerro de Coatepec y la diosa quedó desmembrada.

Los españoles, por su parte, creían en un dios único, pero eso no les impidió llenarse la cabeza con mitos y leyendas, mezcla de superstición y fantasía, que en ocasiones se desprendían de los relatos bíblicos. El propio Cristóbal Colón, en su tercer viaje (1497), al encontrarse con el caudaloso Orinoco, creyó que se había topado con uno de los cuatro ríos que regaban el jardín del Edén, por lo que concluyó que había descubierto el lugar original donde se encontraba el Paraíso, considerando que los sabios medievales lo habían ubicado en la región más remota de Asia.

En su último viaje, el marino genovés descubrió oro en Veragua, Panamá, y simplemente afirmó que había llegado a la bíblica Ofir, donde se encontraban las minas del rey Salomón de las cuales salió el oro para construir siglos atrás el famoso Templo de Jerusalén.

El territorio que sería bautizado como California tomó su nombre de una novela de caballerías de principios del siglo XVI, titulada *Las sergas de Esplandián,* de Garci Rodríguez de Montalvo. En ella, Esplandián, el protagonista, llega a una isla habitada por mujeres negras, excelentes guerreras, semejantes a las amazonas de la mitología griega, gobernadas por la reina Calafia.

La fantasía llevó a Ponce de León a buscar la fuente de la eterna juventud y a otros conquistadores a tratar de encontrar las ciudades de oro, como El Dorado o las míticas Cíbola y Quivira, rodeadas por ríos de esmeraldas que arrastraban pepitas de oro y que Álvar Núñez Cabeza de Vaca puso de moda, luego de sobrevivir a su terrible naufragio, al asegurar que las había visto durante su infortunado viaje.

En Tenochtitlán era común que hubiera curanderos, magos y hechiceros. La gente solía recurrir a ellos en distintas circunstancias.

Los más comunes se encargaban de atender fracturas, heridas y picaduras de alimañas. Algunos eran adivinos que utilizaban granos de maíz, vísceras de animales o de niños sacrificados para poner en práctica sus facultades adivinatorias. Otros advertían sobre calamidades futuras. Los más célebres eran los nahuales, brujos que podían adoptar la forma de un animal.

El propio Moctezuma consultaba con frecuencia a sus nigromantes, es decir, adivinos que predecían el futuro al invocar a los muertos. Puesto que había sido sacerdote, conocía estas prácticas, los calendarios sagrados, los ritos; sabía bien de qué se trataban, por ello prestaba especial atención a cualquier señal extraña que rompiera con la monotonía de la vida cotidiana y, junto con sus adivinos, trataba de interpretarla para beneficio de su imperio.

En 1512, Moctezuma cumplía diez años de haber subido al trono y el imperio mexica se encontraba en la cúspide de su esplendor. El nombre del emperador resonaba en todos sus dominios. El señor de Tenochtitlán era, sin discusión, el gran tlatoani cuyo poderío no tenía rival. «Era tan temido de todos, así presentes como ausentes, que nunca príncipe del mundo lo fue más», escribió muchos años más tarde Hernán Cortés, que por entonces participaba en la conquista de Cuba al lado de Diego Velázquez.

Por esos días comenzaron a llegar indicios de la presencia de hombres extraños en las fronteras marítimas del imperio y a ocurrir peculiares hechos en Tenochtitlán. A Moctezuma se le metió en la cabeza que era necesario hacer mejoras al Templo Mayor y mandó llamar al señor de Cuitláhuac, a quien le dijo —según refieren los *Anales de Cuauhtitlan*—: «Me ha parecido necesario que sea de oro la casa de Huitzilopochtli y que dentro sea de jade y plumajes de quetzal. Para ello se requiere el tributo del mundo».

Como era costumbre, el emperador esperaba una respuesta favorable, pero el señor de Cuitláhuac le expresó: «Señor nuestro, no será así. Sabe que con eso se apresurará la ruina de tu pueblo y ofenderás al que está sobre nosotros». Moctezuma estalló en cólera y lo mandó matar, pero las palabras que escuchó lo inquietaron profundamente.

Otro acontecimiento inesperado fue el hallazgo de un baúl que habían recuperado unos indígenas cerca de las costas del golfo de México mientras flotaba a la deriva. Lo enviaron a Tenochtitlán; ahí lo abrieron y vieron que contenía trajes, joyas y una espada. No sabían de dónde había llegado, pero ninguno de los objetos se había visto antes en los dominios del imperio.

Quizá en otras circunstancias el emperador habría considerado tales acontecimientos como accidentes, fenómenos naturales o coincidencias; pero los interpretó como presagios, como advertencias de los dioses, como augurio de nuevos tiempos.

En su oratorio, el emperador no dejaba de pensar en una serie de extraños sucesos que se vivieron en la capital del imperio en distintos momentos. Un cometa que atravesó el cielo de Tenochtitlán y que había sido visto incluso con la luz del día. En su *Historia general de las cosas de Nueva España,* fray Bernardino de Sahagún escribió: «Apareció en el cielo una cosa maravillosa y espantosa, una llama de fuego muy grande y muy resplandeciente: parecía que estaba tendida en el mismo cielo [...]: todos sospechaban que era señal de algún gran mal».

¿Qué significaba que el adoratorio de Huitzilopochtli en el Templo Mayor hubiera ardido en llamas de la nada, súbitamente? ¿Cómo explicar que un rayo hubiera atravesado otro de los templos de Tenochtitlán, pero nadie, ninguno de sus súbditos, haya escuchado el trueno?

Gran preocupación le provocó a Moctezuma ver que en el lago se levantaban grandes olas sin que soplaran los vientos. Las aguas parecían hervir; las olas cruzaron los diques y entraron a las casas, cuyos cimientos se cimbraban y hubo algunas que se derrumbaron. La gente se horrorizó al darse cuenta de que las aguas parecían cobrar vida sin que hubiera vientos de por medio.

Durante varias noches, el emperador y los habitantes de Tenochtitlán sintieron que la piel se les erizaba al escuchar los gritos y lamentos de una mujer que recorría las calles de la ciudad diciendo: «¡Oh, hijos míos!, ha llegado vuestra destrucción. Hijos míos, ¿dónde os llevaré?, porque no os acabéis de perder». Decían que era la diosa Cihuacóatl, que lloraba por el fin del imperio. Con el tiempo se le conocería como La Llorona.

El último gran presagio fue la captura de un ave extraña, una especie de grulla que tenía un espejo redondo en la mollera donde se reflejaban el cielo y las estrellas, particularmente Cástor y Pólux de la constelación de Géminis. Moctezuma se acercó al ave y vio en el espejo una muchedumbre que venía armada, montada en una especie de venados y hacían la guerra. El emperador se asustó y cuando mandó llamar a sus adivinos para escuchar su interpretación, el ave desapareció.

56

Moctezuma consultó a sus adivinos, habló con sus nigromantes, pidió consejo. Nadie le dio una respuesta convincente, aunque no la necesitaba; había sido un gran sacerdote, conocía las profecías y en el fondo de su corazón sabía que todos aquellos extraños acontecimientos anunciaban el regreso de Quetzalcóatl.

Bernal Díaz del Castillo: la tierra donde nos mataron

Con falsa modestia se describía a sí mismo como «idiota y sin letras», pero quien lo llegó a conocer podía decir que era un hombre de inteligencia ágil, reflexivo, curioso y de decisiones rápidas, virtudes casi imprescindibles para sobrevivir en el Nuevo Mundo. No tenía mayor instrucción, solo sabía leer y escribir, aunque eso era más que suficiente para un soldado.

Bernal Díaz del Castillo tenía 22 años cuando se embarcó al continente americano. Nacido en Medina del Campo, Castilla la Vieja, España, en 1492, como muchos otros jóvenes de su generación vio su futuro reflejado en las tierras que descubrió Colón.

Arribó al Darién (hoy Panamá) en 1514 y permaneció ahí un par de años, aunque no encontró ni oficio ni beneficio. Además, mientras estuvo ahí hubo una epidemia de peste que mató a muchos colonos y como en ese entonces mandaba Vasco Núñez de Balboa, quien monopolizaba casi todos los negocios, decidió marcharse y buscar fortuna en Cuba.

Esta isla caribeña era la nueva colonia a la que estaban llegando los españoles en busca de oportunidades. Recién conquistada, ofrecía múltiples alternativas para ganarse la vida. El gobernador había ofrecido indígenas en encomienda a quienes echaran raíces, aunque pronto la demanda rebasó a la población indígena.

Fue entonces cuando Diego Velázquez, en 1517, organizó una primera expedición hacia el poniente con el fin de capturar indígenas que sirvieran como mano de obra para buscar la mayor cantidad de oro posible, pues al parecer había en todos lados.

Y como la ocasión la pintan calva, Bernal se alistó en la expedición que Velázquez puso en manos de Francisco Hernández de Córdoba. El anuncio del viaje despertó el entusiasmo en Santiago de Cuba desde finales de 1516. El movimiento en el puerto no cesaba; ahí, en tres embarcaciones cargaban todo tipo de víveres: agua, vino, alimentos, pólvora, armas.

A pesar de su juventud, Bernal era un acucioso observador; el Nuevo Mundo lo había seducido y todo era digno de su atención. Miraba, olía y probaba sin temores. Contagiaba su buen ánimo y su interés por aprender. No le llevó mucho tiempo entender la lengua de los nativos, como tampoco tardó en hacerse querer por sus compañeros de andanzas.

La insolencia juvenil era el motor de las expediciones; los hombres que se enrolaban para participar tenían algo de inconsciencia, pues las posibilidades de regresar con vida no eran muchas; sin embargo, podían más la ambición, el deseo de alcanzar la gloria y, más que nada, la intención de hacer fortuna. Si habían cruzado el mundo y habían dejado atrás sus historias personales y familiares, no era para terminar en algún oficio menor.

Sin embargo, tal empresa implicaba más que retar a la naturaleza —muchas expediciones fracasaron por el mal tiempo, las tormentas y los huracanes—, también había que enfrentar a las poblaciones nativas, que podían ser muy aguerridas.

El 8 de febrero de 1517, la expedición de Francisco Hernández de Córdoba zarpó de La Habana con 110 hombres, entre los que iba Bernal Díaz del Castillo, y como piloto, Antón de Alaminos, quien había iniciado su carrera en la navegación como grumete en el cuarto viaje de Colón en 1502 y, después de otras expediciones, se había convertido en un experimentado piloto antes de los 30 años de edad.

El 1 de marzo echaron anclas en una isla a la que llamaron Mujeres porque encontraron un templo con esculturas del sexo femenino. Unos días más tarde descubrieron la península de Yucatán, aunque en un principio Alaminos pensó que era una isla más grande que las hasta entonces conocidas.

No era la primera vez que los españoles llegaban a tierras mexicanas. En 1511, una embarcación enviada por Vasco Núñez de Balboa que iba de Panamá a Santo Domingo naufragó frente a Jamaica. Veinte personas, dos de ellas mujeres, lograron salvar sus vidas en un batel. Sin embargo, quedaron a la deriva durante varias semanas, hasta que las corrientes del mar Caribe los llevaron hasta las costas de Yucatán, a donde solamente llegaron con vida ocho de los náufragos. Los indígenas hicieron el resto. Al final sobrevivieron solo dos españoles: Gonzalo Guerrero, que asimiló la vida y costumbres mayas, y Jerónimo de Aguilar, a quien Hernán Cortés rescataría ocho años después.

La expedición de Hernández de Córdoba navegó costeando la península e hicieron alto en Cabo Catoche. A partir de ese momento, todo lo que pudo salir mal salió peor. En toda la península de Yucatán, en cualquier lugar donde tocaran tierra firme, los nativos los atacaban. En Campeche lograron resistir sin bajas que lamentar, pero en Champotón, el cacique de la región y sus tropas derrotaron por completo a los españoles; tuvieron más de 50 bajas.

Ante la inminente escasez de agua dulce e imposibilitados para adentrarse en esas tierras a buscar víveres, Hernández de Córdoba aceptó la sugerencia, bastante extraña, por cierto, de su piloto Antón de Alaminos: navegar en dirección noreste hasta la Florida, ruta que conocía bien, pues había acompañado a Ponce de León en su expedición de 1513.

No se necesitaba ser un experto navegante para saber que era más fácil regresar a Cuba, pero seguramente Hernández de Córdoba no quería presentarse en la isla como perro con la cola entre las patas, así que con solo dos naves —quemaron la tercera de sus embarcaciones porque no tenían suficientes hombres para hacerse cargo de ella— se encaminaron hacia la Florida.

Una vez ahí no mejoró la situación. Los nativos se comportaron de manera tremendamente hostil. Bernal y Alaminos resultaron heridos, pero lograron abastecerse de agua suficiente para volver a Cuba, donde atracaron en el mes de mayo. De la desastrosa expedición regresaron con vida menos de la mitad de los hombres y, con excepción de uno, todos los sobrevivientes presentaban heridas. El propio Hernández de Córdoba había recibido diez flechazos que lo llevaron a la tumba diez días después de su arribo a la isla.

Pese al fracaso de la expedición, los sobrevivientes llevaron noticias importantísimas. «Habíamos descubierto tierras de grandes poblaciones y casas de cal y canto», escribió Bernal con cierta emoción, a pesar de la herida que le infringieron y de haber gastado todos los recursos que tenía. Sin embargo, nadie podía escatimarle nada, había tenido su bautizo de fuego.

Los sobrevivientes contaron impresionados lo que habían visto: ciudades con templos de gran altura, que recordaban las torres construidas por los moros en algunas regiones de España; oro en abundancia, lo que quizá confirmaba la existencia de esas ciudades míticas de las que tanto se hablaba, y pirámides. Por eso se aventuraron a llamarle a esa región el Gran Cairo.

Sin duda se habían topado con pueblos más desarrollados, distintos de las sociedades primitivas que habían encontrado en la mayoría de las islas. A Bernal le llamó la atención que, a diferencia de los naturales de Cuba, que solían andar desnudos, en las tierras recién descubiertas los nativos ocultaban «sus vergüenzas» con vestidos bien confeccionados.

Una vez recuperado de sus heridas, Bernal marchó a Santiago de Cuba para entrevistarse con Diego Velázquez, tratar de conseguir algún negocio y hacerse de recursos. «Me preguntó si estaba bueno para volver a Yucatán y riéndome le respondí que quién le había puesto nombre. Y me dijo que así le llamaban dos indígenas que capturamos y cuyos nombres eran Julianillo y Melchorejo, que luego nos sirvieron de intérpretes. Le dije que un mejor nombre sería "la tierra donde nos mataron más de la mitad de los soldados"», cuenta Bernal.

Velázquez pasó por alto la ironía, pero escuchó con paciencia. Una vez que Bernal terminó, le pidió que participara en la nueva expedición que preparaba para el siguiente año, a manos del capitán Juan de Grijalva. No lo pensó dos veces, el joven soldado aceptó incorporarse a la nueva aventura.

Pedro de Alvarado: el comendador

Su peor defecto era que se disparaba solo. No medía el riesgo ni calculaba las consecuencias. Nadie dudaba de su valentía, tan grande como su imprudencia. Pedro de Alvarado fue reprendido con severidad por Juan de Grijalva, el jefe de la expedición, porque se adelantó con la nave que llevaba bajo su mando e ingresó en el cauce de un río que los indígenas conocían como Papaloapan, pero al que bautizó con ejemplar arrogancia como Alvarado.

La expedición al mando de Juan de Grijalva, sobrino de Diego Velázquez, había zarpado de Santiago de Cuba el 8 de abril de 1519. Estaba formada por cuatro embarcaciones, dos de la infortunada expedición de Hernández de Córdoba del año anterior —que fueron reparadas y rehabilitadas— y dos más que adquirió para la nueva empresa el gobernador Diego Velázquez y que pagó de su bolsillo.

Al mando de las naves iban el propio Grijalva, Pedro de Alvarado, Francisco de Montejo y Alonso de Dávila. Con la experiencia ganada el año anterior, también se sumó como piloto de la nave principal Antón de Alaminos. Bernal Díaz del Castillo se había comprometido con el gobernador a participar en la expedición con la esperanza de mejorar su situación y de que el destino finalmente le mostrara una cara más amable. Además, iban 240 soldados con arcabuces, cañones ligeros y una perra lebrela entrenada para cazar.

Pedro de Alvarado tenía la misma edad que Hernán Cortés; también había nacido en 1485, pero en Badajoz, y a diferencia de otros conquistadores, migró al Nuevo Mundo en compañía de sus hermanos Gonzalo, Jorge, Gómez, Hernando y Juan hacia 1510. Desembarcó en La Española muy ufano, ostentando un sayo viejo, obsequio de su tío, que mostraba haber pertenecido a la orden de Santiago, por lo que a manera de burla comenzaron a llamarle El Comendador, pero más temprano que tarde demostró que lo podía ser, pues su arrojo no tenía comparación.

Hernán Cortés y Pedro de Alvarado se conocieron durante la conquista de Cuba e hicieron buenas migas. Ambos eran audaces, pero la prudencia en Cortés era una virtud desconocida en Alvarado. Los dos recibieron encomiendas por los servicios prestados a la corona y mantuvieron su relación una vez que se establecieron en Santiago. Las diferencias con Velázquez mantuvieron a Cortés al margen de las dos expediciones. De cualquier forma, jamás habría aceptado ir bajo las órdenes de ninguno de los capitanes que acompañaban a Grijalva. Cortés sabía que estaba hecho para mandar.

Las naves de la segunda expedición siguieron una ruta similar a la de Hernández de Córdoba, pero los vientos empujaron las embarcaciones hacia el sur. A principios de mayo descubrieron la isla de Cozumel; luego recorrieron la costa este de Yucatán y en las siguientes semanas hicieron alto en Tulum; costearon la península como lo había hecho Hernández de Córdoba, y en Campeche y Champotón volvieron a encontrarse con los indígenas que un año antes les habían hecho ver su suerte. Sin embargo, en esta ocasión no hubo muertos, solo algunos heridos, por lo que Grijalva ordenó seguir adelante.

A principios de junio encontraron la desembocadura del río Usumacinta. Habían llegado a Tabasco, que por entonces era gobernado por un cacique tributario del imperio azteca, cuyo dominio se extendía hasta la región del golfo.

El 8 de junio de 1518, las naves llegaron a la desembocadura de un caudaloso río que los indígenas conocían como Tabasco y que fue rebautizado con el nombre de Grijalva, en honor al jefe de la expedición.

En ese lugar el capitán decidió echar anclas. Sus hombres desembarcaron y, con ellos, la primera perra lanuda que pisó las futuras tierras novohispanas. De raza lebrela —cuando en Mesoamérica solo se conocía el xoloescuintle—, su mayor virtud era el arte de la cacería. Durante los días en que los hombres de Grijalva permanecieron ahí, la perra demostró sus habilidades y, según contó Bernal, logró capturar diez venados y muchos conejos.

Los españoles se maravillaron con el entorno natural. Su propio capitán no lo estaba menos y, viendo las dimensiones del río, al cual no se le veía fin, envió dos naves para que hicieran el recorrido río adentro. Las dos embarcaciones se internaron en el territorio tabasqueño, pero los nativos los agredieron. Gracias a la intervención de Julianillo y Melchorejo, los dos indígenas capturados en Cabo Catoche un año antes y a quienes se les enseñó el castellano, los españoles pudieron darse a entender con los nativos y así conjuraron el peligro.

A través de esos primeros contactos, Grijalva logró entrevistarse con el cacique de Tabasco, intercambiaron regalos y posteriormente el capitán español regresó a las costas del golfo, pues su expedición tenía como encomienda recorrer el litoral del nuevo continente buscando oro. Fue en Tabasco donde escucharon por vez primera que los indígenas repetían «Colúa, Colúa» y «México, México», pero los españoles no entendieron a qué se referían.

Las naves de Grijalva se alejaban de la tierra, cuando sus hombres se percataron de que la perra lebrela se había quedado en la playa y retozaba alegremente sobre la arena. No había forma de volver. La tripulación supuso que jamás la volverían a ver y se alejaron mientras la perra movía su cola y ladraba a lo lejos.

Después de navegar algunos días más y tras el regaño a Pedro de Alvarado por su arrebato en el Papaloapan, las cuatro naves llegaron a otro río al que llamaron Banderas porque encontraron muchos indígenas con grandes lanzas, cada una con una bandera blanca de manta que agitaban y ondeaban con el fin de llamar su atención.

Ese fue el momento en que Grijalva y el resto de sus hombres tuvieron el primer encuentro con los representantes de Moctezuma. Ahí volvieron a escuchar los vocablos «Colúa» y «México» y se enteraron que existía una ciudad gobernada por un gran señor que era rey de muchas provincias, el cual «se decía Moctezuma» y como era tan poderoso quería saber quiénes eran ellos y de dónde venían.

En el río Banderas, ya cerca de la isla que sería bautizada como San Juan de Ulúa, los enviados de Moctezuma le entregaron a Grijalva los regalos más valiosos hasta entonces recibidos, ricos en oro, mantas y joyas. Los indígenas se asombraron al ver las naves españolas y el tono de piel de los tripulantes, su manera de hablar, sus armaduras, las armas que portaban… Todo les parecía tan ajeno a lo que habían conocido siempre.

La estatura de Pedro de Alvarado les llamó poderosamente la atención, así como su porte, que siempre imponía con esa arrogancia característica de quien se siente superior. Por un momento pensaron que los españoles eran dioses.

Luego de permanecer ahí algunos días, la expedición de Grijalva continuó y los embajadores de Moctezuma tomaron de inmediato el camino hacia Tenochtitlán para informarle a su emperador lo que sus ojos habían visto.

¿El regreso de Quetzalcóatl?

«Hemos visto unos dioses en la mar y fuimos a recibirlos; llegaron en templos que flotaban sobre el agua». Así comenzaron su narración los capitanes de Moctezuma que unos días antes habían visto por primera vez naves españolas en el golfo de México.

Era un día como cualquier otro; los guerreros estaban encargados de vigilar la costa. Acostumbrados al calor de la región, a las altas temperaturas o a las lluvias torrenciales, su tarea tenía algo de monótono. Pasaban horas viendo el mar, escuchando cómo las olas llegaban a la playa, cómo cambiaba la marea. Conocían los sonidos de la naturaleza, como el viento; sabían leer el cielo y las nubes.

Pero una mañana se percataron de una serie de objetos extraños que flotaban sobre el mar. No eran canoas, pero se mantenían sobre el agua del mismo modo. Eran muy grandes y no sabían por qué traían grandes estandartes blancos que extendían o guardaban a voluntad.

Los capitanes de Moctezuma se mantuvieron a la expectativa durante horas. Se escuchaban ruidos y voces a lo lejos, pero no lograban identificar qué decían, ni quiénes eran ni de dónde venían. Así esperaron varias horas, sin saber cómo proceder. Cuando anocheció, vieron cómo se iluminaba tenuemente cada uno de esos templos flotantes. Parecían figuras fantasmagóricas o quizá eran los dioses que habían abierto sus ojos al caer la noche.

A la mañana siguiente, al ver que los visitantes seguían ahí, los capitanes indígenas decidieron presentarse ante aquellos. En todo caso, esa era su misión: vigilar y dar cuenta de quiénes se acercaran a las fronteras del imperio. El grupo numeroso de indígenas desplegó una serie de banderas blancas en portaestandartes, preparó varias canoas, las abordó y comenzó a remar con precaución.

Conforme se acercaban a las naves españolas, los capitanes indígenas quedaron absortos. Nunca antes habían visto embarcaciones de esas dimensiones y, entre el azoro, el temor y la emoción que les provocó lo que miraban, besaron las proas de las naves españolas en señal de adoración, porque pensaron que su dios Quetzalcóatl había vuelto, tal como señalaban las profecías.

Los capitanes mexicas entregaron como obsequio mantas muy finas —de las que solo Moctezuma podía disponer— y piezas de oro y otras piedras preciosas. Para agradecer los regalos, los españoles les entregaron cuentas de vidrio, verdes y amarillas, que los maravillaron y que debían entregar personalmente al emperador de los aztecas, pues era un obsequio para él. Luego de algunos días, los españoles les comunicaron que volvían a Castilla y que más adelante irían a México a conocer a Moctezuma.

Cuando las naves se perdieron en el horizonte, los capitanes mexicas iniciaron su marcha hacia Tenochtitlán, a donde llegaron un par de días después. El emperador suspendió todas sus tareas y recibió a sus hombres de inmediato.

—Hemos visto unos dioses dentro, en la mar, y fuimos a recibirlos —dijo uno de sus capitanes, al tiempo que le entregaba a Moctezuma las cuentas de colores que le habían enviado los españoles.

El emperador las miró con fascinación, creyó que eran un regalo de los dioses y ordenó que las guardaran celosamente en sus aposentos con la advertencia de que si alguna se llegaba a perder, los encargados de su recámara lo pagarían con su vida.

Luego escuchó con atención la narración de lo sucedido. No perdió detalle alguno del primer encuentro, permaneció en silencio en todo momento. Al terminar, agradeció a sus capitanes y los envió a descansar, pero les ordenó que guardaran en secreto todo lo que habían visto.

Al otro día, Moctezuma volvió a reunirse con ellos y les ordenó que marcharan de vuelta a la costa para edificar torres y colocar puestos de vigilancia. También aumentó el número de hombres en la región, para que estuvieran atentos día y noche. Nadie sabía cuándo regresarían los extranjeros, pero haciendo caso a las profecías, el regreso de Quetzalcóatl era inminente.

CAPÍTULO 4

Y NO HAGAS PENDEJADAS

«Nada podía ser más extraño, nada», pensó Pedro de Alvarado. Si unos años antes le hubieran profetizado que en mayo de 1520 estaría sentado en uno de los salones de un palacio, custodiando a un emperador distinto al que servía y casado con una mujer indígena de gran linaje, seguramente habría reído sin parar y habría pedido otro vaso de ese aguardiente clandestino que se producía en Cuba.

—Soy el yerno de Xicoténcatl el Viejo, señor de Tlaxcala —murmuraba medio borracho y reía como si hubiera hecho una travesura—. Estoy casado con su hija Tecuelhuetzin, a quien bautizamos como Luisa, y tengo sometido al gran señor Moctezuma, al gran tlatoani a quien todos temen —dijo para sí, alzando su vaso y soltando una carcajada—. ¿El hijo del sol?, patrañas. Soy Pedro de Alvarado.

Hacía un par de semanas que Cortés había partido de Tenochtitlán para enfrentar a Pánfilo de Narváez. Por primera vez, Alvarado estaba al mando, lo cual no tenía nada de extraño, ya que gozaba de la confianza del capitán general, quien por momentos lo llamaba «hermano», como lo presentó ante Xicoténcatl el Viejo, en Tlaxcala.

Los 70 españoles que permanecían en México a su lado estaban preocupados, incluso temerosos. Sabían que si los mexicas se rebelaban, todos terminarían con el corazón de fuera y las cabezas ensartadas en alguno de los travesaños de esa construcción macabra que se levantaba frente al Templo Mayor y que los indígenas llamaban tzompantli.

Desde el inicio de la expedición, los españoles habían encontrado rastros de sacrificios humanos. No en pocos templos observaron las paredes salpicadas de sangre y restos de cuerpos desmembrados. Incluso tuvieron conocimiento de que en muchos pueblos los rituales incluían comerse a los sacrificados. Por eso la insistencia de Cortés en predicar la fe, elevar la cruz de Cristo, colocar una imagen de la Virgen y hablarles a los indígenas del dios único.

Al principio les parecía aterrador, pero vieron tantas veces la misma escena que, fieles a la naturaleza humana, terminaron por ser indiferentes. Sin embargo, el gran tzompantli de Tenochtitlán volvió a despertar sus temores. Habían visto esos muros de cráneos en distintos pueblos, pero el que estaba junto al Templo Mayor tenía dimensiones fuera de comparación; cráneos humanos, algunos sin rastros de piel, otros aún con pelo, piel y hasta rasgos faciales.

La ciudad tenía ocho tzompantlis, cada uno dedicado a un dios diferente. Los cráneos correspondían a guerreros, prisioneros, esclavos, mujeres, ancianos y niños a quienes se les había sacado el corazón con un cuchillo de obsidiana durante alguna celebración ritual, de las muchas que tenían los mexicas. Los españoles jamás imaginaron que tiempo después, una vez estallada la guerra de conquista, verían las cabezas de varios de sus compañeros y de sus caballos colgadas en algún tzompantli.

El más grande estaba colocado frente a la escalinata del Templo Mayor. Fue el primero con el que se toparon los españoles, unos días después de haber llegado a Tenochtitlán, y se alcanzaba a mirar desde el palacio de Axayácatl, donde Moctezuma había dispuesto que se hospedaran.

A Pedro de Alvarado no parecía importarle el muro de las calaveras; había visto de todo desde su arribo al Nuevo Mundo. Sabía del canibalismo de los indígenas caribes que conoció en la campaña de conquista en Cuba, sabía de los sacrificios humanos, conocía al dios de la guerra. Su biografía olía a muerte porque la había visto de cerca y porque se la regaló a no pocos indígenas en batalla. Los cráneos y los sacrificios humanos habían dejado de quitarle el sueño desde hacía mucho tiempo.

Alvarado percibía la preocupación de sus hombres. No dudaba de su lealtad ni de su valentía, que se puso a prueba en repetidas ocasiones desde que se embarcaron en Cuba en febrero del año anterior. Pero en esos momentos se sabían vulnerables: 70 españoles con algunos cientos de tlaxcaltecas podían ser aniquilados por los mexicas en un santiamén.

Alvarado sabía que su única ventaja era Moctezuma, quien se encontraba en el palacio de Axayácatl, donde estaba el cuartel general de los españoles. Residía ahí desde que lo apresaron y, aunque simularon que el emperador había cambiado su residencia por voluntad y como cortesía a los visitantes, lo cierto era que su destino estaba en manos de Cortés y, al menos en esos días, en las manos de Alvarado, con quien, a pesar de todo, había hecho buenas migas.

Como medida de seguridad, el capitán ordenó a sus soldados que reforzaran las defensas del palacio de Axayácatl y que permanecieran alerta. Ninguno podía salir del recinto si no tenían su autorización. Los tlaxcaltecas siguieron el mismo ejemplo, no por disciplina, sino porque sabían que si los mexicas se rebelaban, ellos serían los primeros en entregar su corazón, literalmente, a Huitzilopochtli.

Doña Luisa, hija de Xicoténcatl el Viejo y esposa de Alvarado, tampoco podía ocultar su ansiedad y desazón. A pesar de que el capitán le guardaba todas las consideraciones —raro en él, que solía ver con desdén a los indígenas— y le brindaba seguridad, no había podido acostumbrarse a vivir en Tenochtitlán. No quería siquiera imaginar lo que harían con ella los mexicanos si caía en su poder, en vista de que era la hija de uno de los señores de Tlaxcala, enemigos desde siempre de los aztecas.

Alvarado se había encariñado con ella —con el tiempo tuvieron dos hijos, Pedro el Joven y Leonor— y procuraba tranquilizarla. Mientras estuviera a su lado, nada malo podría pasarle. Pero más allá de las promesas, doña Luisa sabía que su destino, como el de Marina, dependía de la suerte que corrieran sus hombres.

Caía la tarde sobre Tenochtitlán y Pedro de Alvarado tomó asiento en un equipal. No había más que esperar la vuelta de Cortés o al menos recibir noticias suyas. No tenía duda alguna de que sometería a Narváez, así que solo era cuestión de tiempo para volver a reunirse, pero los días avanzaban con irritante lentitud.

Desde el salón donde Alvarado descansaba podía ver el Templo Mayor en el que se reflejaba el atardecer. En lo alto resaltaban los dos adoratorios dedicados a Tláloc y a Huitzilopochtli. El capitán sonrió con malicia, pensaba que junto a los dos adoratorios, junto a esos dioses paganos que parecían surgidos de las entrañas del infierno, los españoles habían logrado montar un altar, elevar una cruz y colocar la imagen de la Virgen María. No fue fácil y en ello casi les va la vida, pero se salieron con la suya.

Cortés había intentado hacerlo desde la primera vez que subieron al Templo Mayor, pero sin éxito. Alvarado lo tenía presente. Unos días después de haber entrado a la capital del imperio, Cortés envió a Marina y a Jerónimo de Aguilar ante Moctezuma a solicitar su autorización para visitar el Templo Mayor. El emperador no tuvo inconveniente, pero la idea del dios único, el de los españoles, del que habló Cortés en su primer encuentro, lo inquietaba. No quiso que se presentara en el gran templo donde podría faltarle al respeto a sus sacerdotes y dioses, por lo que decidió acompañarlos en su visita.

Era el mediodía del 11 de noviembre de 1519 cuando Cortés y sus hombres se presentaron en la explanada frente a la escalinata del Templo Mayor orientada hacia el poniente. Su inclinación era de 45 grados, lo que permitía que los cuerpos de los sacrificados arrojados desde lo alto cayeran con facilidad. Ahí, al pie de la escalinata, observaron el monolito de la Coyolxauhqui, diosa de la luna, que de acuerdo con la mitología mexica era la hermana de Huitzilopochtli, a la que mató y arrojó desde lo alto del cerro de Coatepec. El monolito estaba colocado al pie de la escalinata y era el recipiente sagrado donde caían los cuerpos de los sacrificados.

Moctezuma se encontraba en lo alto del Templo Mayor y le ofreció a Cortés varios hombres para que lo subieran en andas, pero no aceptó. Alvarado y el resto, Marina incluída, siguieron los pasos del capitán general y subieron los 114 escalones que separaban la base de la cima.

Desde su llegada a Tenochtitlán, Cortés había ordenado a sus hombres que en todo momento cargaran con sus armas, incluso para dormir, así que cuando subieron al templo, parecía que intentaban tomarlo por asalto, porque desconocían por completo el protocolo. La gente que se encontraba en la plaza miraba a los españoles con miedo y azoro: nadie podía subir al gran templo, salvo su emperador y sus sacerdotes.

El paisaje desde lo alto dejó sin aliento a los españoles. Alvarado no recordaba haber visto algo similar en ningún otro de los lugares donde había estado. Podía observar cada detalle de la ciudad: los canales, las calzadas, los templos, los volcanes a lo lejos, el gran lago

con las poblaciones edificadas en sus riberas... Vio cómo funciona-
ba el acueducto y alcanzó a ver Chapultepec, de donde salía el agua
que abastecía a Tenochtitlán. Desde el Templo Mayor también se
divisaba con claridad Tlatelolco. Orgulloso, Moctezuma mostraba la
capital de su imperio.

Pero Alvarado, como Cortés, sabía que aquel paisaje era una quimera. Su realidad estaba ahí, frente a Moctezuma y sus sacerdotes,
en esa explanada donde tenían la escultura de una figura humana
reclinada hacia atrás, con las piernas encogidas y la cabeza girada,
con un recipiente en su vientre. Su realidad estaba ahí, junto a la
piedra encima de la cual extendían a los cautivos de las extremidades
para sacarles el corazón. Su realidad estaba ahí, junto a Tláloc y a
Huitzilopochtli.

Nada de lo que Alvarado había visto, leído o escuchado tenía comparación con lo que encontraron en el gran teocalli. Ninguna de las
historias fantásticas que contaban los marineros ni las leyendas que
inventaban los exploradores que creían haber visto todo se asemeja-
ban al sitio donde Huitzilopochtli, el dios al que todos temían y cuyo
nombre provocaba espanto, tenía su morada.

Acompañados por Moctezuma, Cortés, Alvarado, Bernal, Marina y
el resto de los hombres ingresaron al adoratorio del dios de la guerra.
Al cruzar el umbral sintieron un golpe en su olfato. Ninguno esperaba encontrar un olor tan nauseabundo como el hedor que despedía el
interior del adoratorio; era la sangre fresca que se combinaba con la
sangre seca esparcida por el piso y los muros. Olía a muerte. Apenas
unos minutos antes de su llegada, los sacerdotes habían sacrificado a
cinco cautivos. Los visitantes pudieron contener el vómito.

En el interior había sacerdotes y algunas sacerdotisas vestidos de
negro. Parecían espectros; los lóbulos de sus orejas estaban desga-
rrados de tanto sangrarse para sus ceremonias rituales; su cabello
enmarañado lo mantenían atado; el color de su piel era cenizo y sus
cuerpos languidecían por tanta sangre que se extraían y por el ayuno
que ofrecían como penitencia.

La vista de los españoles tardó en acostumbrarse a la penumbra
en que se encontraba el adoratorio, era como si hubieran pasado al
mundo de las tinieblas. Después de unos momentos, comenzaron a
distinguir detalles del recinto que parecían obra del diablo, aunque
los sacerdotes y el propio emperador se movían con naturalidad y
orgullo dentro del adoratorio.

Había dos altares, uno dedicado a Huitzilopochtli y el otro a Tezcatlipoca, ambos con sus ídolos guardianes y esculturas que representaban a cada deidad. Ante la mirada española eran figuras grotescas que personificaban al demonio. Del cuello de ambos dioses colgaban objetos de oro y plata con la forma de rostros y corazones humanos.

Alvarado no alcanzaba a ver con claridad por qué los muros mostraban distintas tonalidades de pintura, hasta que le pasó los dedos a uno y luego los acercó a su nariz: era sangre, costras de sangre de formas y tamaños distintos que tapizaban el recinto.

Delante de cada dios había braseros encendidos donde todavía ardían los corazones de los hombres recién sacrificados. La sangre fresca y la que se había secado, el copal encendido y los corazones en las brasas provocaban olores que jamás olvidarían. Bernal escribiría tiempo después que olía como una carnicería.

Las expresiones de todos, incluyendo la de Alvarado y la del propio Cortés, eran de horror, pero permanecieron en silencio. Con un poco más de luz, cualquiera se hubiera percatado de que los hombres tenían la mano en la empuñadura de sus espadas, como si solo estuvieran esperando la orden para arremeter contra los sacerdotes y sus dioses malignos.

Fray Bartolomé de Olmedo se había santiguado al ingresar al adoratorio y movía los labios sin cesar, no dejó de orar en ningún momento. Cortés se le acercó y le dijo que quizá era el momento de pedirle autorización a Moctezuma para construir un altar cristiano ahí, en los dominios de Huitzilopochtli.

Alvarado alcanzó a escuchar el comentario de Cortés y movió la cabeza en señal de que rechazaba la idea. El fraile mercedario hubiera querido acabar ahí mismo con esa pesadilla, pero se contuvo, la idea de Cortés era una locura y le recomendó que esperara, debido a que estaban en el corazón espiritual del imperio y ahí terminarían sus vidas si Moctezuma percibía algún tipo de amenaza.

Pero Cortés, que pocas veces se dejaba arrastrar por la irreflexión, fue imprudente; ignoró las palabras del fraile y al salir del adoratorio le dijo a Moctezuma:

—¿Cómo es posible que un gran señor como su majestad no se dé cuenta de que esas figuras a las que adora no son dioses sino demonios? Permítame elevar una cruz en lo alto del templo y abrir un nicho para colocar la imagen de Nuestra Señora, la madre de Dios, el único y el verdadero, y así verá usted que sus ídolos no pueden hacer nada y que han sido engañados por mucho tiempo.

Antes de traducir las palabras de Cortés, Marina lo miró como preguntando si quería que tradujera sus palabras tal cual las había dicho. Previendo que Moctezuma podría molestarse, comprendió que no había lugar para sutilezas y que tampoco debía darle vueltas al tema o intentar ser ceremoniosa, como era costumbre entre los mexicanos, que no sabían hablar de frente y sin tapujos. Fue directa y tradujo palabra por palabra de su señor. Al escucharla, los sacerdotes se irritaron y Moctezuma le respondió a Cortés con enojo:

—Señor Malinche —así le llamaban a Cortés porque Marina siempre estaba a su lado—, de haber sabido que tal deshonor traerías, no habría consentido mostrarte a mis dioses que tenemos por muy buenos; ellos dan la salud, el agua, las victorias, los alimentos, todo cuanto tenemos. No los deshonres con tus dichos.

Cortés no insistió y ordenó regresar al cuartel. Moctezuma permaneció en el templo; necesitaba rezar por haber permitido que subieran y ofendieran a sus dioses.

Pedro de Alvarado sonreía con arrogancia mientras miraba hacia el Templo Mayor. La cruz y la Virgen estaban ahí para protegerlos, pero no gracias a un milagro. Fue necesario apresar a Moctezuma, a los señores de Texcoco y Tlacopan, y a ciertos jefes que al parecer planeaban un levantamiento contra los españoles semanas después de su llegada a Tenochtitlán. Gracias a la docilidad que mostró Moctezuma —quizá resignación—, los españoles pudieron tomar el control de Tenochtitlán, aunque con el riesgo permanente de que el pueblo se levantara en su contra.

Para cuando Cortés partió hacia Veracruz a principios de mayo de 1520, Moctezuma y los principales señores de Tenochtitlán ya habían aceptado ser vasallos de Carlos V y el emperador finalmente había autorizado que colocaran la cruz de Cristo y un altar a la Virgen María, en su advocación de la Virgen de los Remedios, en lo alto del Templo Mayor.

Alvarado estaba a la espera del regreso de Cortés. Por un correo del capitán general, sabía de la victoria sobre Narváez, así que las circunstancias no podían ser más favorables. Recordó su recomendación antes de partir: «Y no hagas pendejadas, Pedro». Y sonrió otra vez, aunque en su fuero interno sabía que era una advertencia del capitán general de que no hiciera nada que pudiera romper el precario equilibrio que habían logrado establecer españoles y mexicas en esos días.

Nada cambió con la partida de Cortés: Tenochtitlán estaba en calma, a pesar de que todo el pueblo estaba enterado de que solo quedaban setenta españoles en la ciudad con, quizá, poco más de mil tlaxcaltecas.

Españoles y mexicas jugaban a la simulación. Para nadie era un secreto que Moctezuma era prisionero de los españoles, aunque el emperador se moviera por la ciudad con la misma naturalidad de siempre, como el más poderoso de los señores, como el huey tlatoani; sus hombres, sus sirvientes, sus mujeres, sus sacerdotes, sus adivinos, sus guerreros seguían tratándolo con el mismo respeto. Los españoles también jugaban a lo mismo. Le guardaban las consideraciones dignas del monarca; lo consultaban, pedían su autorización, pero nunca lo dejaban solo. Todos eran parte de la misma representación teatral donde todo parecía normal, como si nada sucediera, como si nada hubiera ocurrido, como si los españoles no estuvieran presentes en la ciudad imperial.

No obstante, la realidad era otra: los españoles tenían el control y cualquier evento que los mexicas quisieran realizar debía ser autorizado por Pedro de Alvarado en tanto volvía Cortés. Como todos los años, a finales de mayo los mexicas tenían una de sus celebraciones más importantes: el Tóxcatl, una fiesta dedicada a honrar nada más y nada menos que a Huitzilopochtli y a Tezcatlipoca, y en la cual participaban los principales señores de Tenochtitlán.

La magna celebración se realizaba en el atrio del Templo Mayor y, dada su importancia, los señores mexicas se presentaron ante Alvarado para solicitar su venia. El capitán español dio poca importancia a las razones de la celebración; su vanidad era superior: *conceder, autorizar, otorgar* eran los verbos que le gustaba conjugar, pero en primera persona.

Que los principales señores se acercaran con humildad a pedirle permiso, que lo hicieran a través de Moctezuma, que solicitaran audiencia para hablar con él, que su celebración dependiera de su voluntad alimentaba su ego. Sí concedió el permiso, pero prohibió que llevaran armas y se hicieran sacrificios humanos.

Alvarado veía pasar el tiempo desde el palacio de Axayácatl con cierta indiferencia, pero en los días siguientes percibió mayor preocupación entre sus hombres: la celebración mexica había comenzado y se oían tambores, música y el ulular de algunos instrumentos de viento que no dejaban de escucharse en ningún momento. Aquello desquiciaba a los españoles y a los tlaxcaltecas.

—Son los preparativos para el Tóxcatl —comentó Moctezuma en alguno de los ratos que pasaban juntos. Entonces, explicó con mayor profundidad el significado de la celebración, que no era poca cosa. Se trataba de una de las fiestas más importantes del año; su preparación llevaba meses y estaba dedicada a Tezcatlipoca y a Huitzilopochtli, representados por dos prisioneros que, llegado el momento, serían sacrificados.

Ambos cautivos eran vestidos como si fueran los dioses y durante los meses previos a su sacrificio vivían rodeados de lujos. Al aproximarse el día más importante de las fiestas, recorrían las calles fumando y tocando la flauta acompañados de jóvenes y guerreros. Se les entregaban cuatro esposas que representaban a las diosas de la tierra, las flores, el maíz tierno y el agua y la sal, y su camino hacia la muerte comenzaba con el sacrificio de codornices en honor a los dioses.

Al prisionero que representaba a Tezcatlipoca lo sacrificaban en la Casa de los Dardos —un templo de menor tamaño— y al que representaba a Huitzilopochtli lo conducían a la piedra de los sacrificios en el Templo Mayor. Pero, previamente, al caer la tarde y durante la noche anterior a la fiesta, los señores mexicas hacían una figura del dios de la guerra en forma humana con masa de semillas de amaranto, que adornaban con plumas de colibrí, de papagayo amarillo y de águila, turquesas y oro.

Alvarado comenzó a dudar al saber que en el Tóxcatl se reunirían los principales señores de Tenochtitlán, los capitanes más valientes, los jóvenes guerreros que ya habían hecho prisioneros y los que aún no tenían su bautizo de fuego. Pensó que sería un rito para la guerra, una invocación para tomar las armas.

Y escuchó no solo las voces de sus hombres que tenían miedo, sino también la de los tlaxcaltecas, quienes le refirieron que en esa festividad habían sacrificado a su gente caída en manos mexicas en las guerras floridas, y escuchó también a su esposa indígena, doña Luisa, que temía por su propia seguridad.

Pedro de Alvarado no se guiaba por la mesura; era un hombre de acción, no de reflexión, y concluyó que los mexicas preparaban un levantamiento en contra de los españoles para liberar a Moctezuma, así que tomó una decisión sin medir las consecuencias.

El día de la celebración principal, los señores y guerreros mexicas se presentaron en el atrio del Templo Mayor, ricamente ataviados, vestidos con sus mejores galas, cargando joyas y objetos de oro propios para el ritual. Sabían que no habría sacrificios humanos y tampoco cargaban armas, pero en la explanada se encontraba la representación humana de Huitzilopochtli que habían realizado durante la noche previa; ahí comenzaron sus danzas y ritos.

Pedro de Alvarado apuró a sus hombres, salieron del palacio de Axayácatl donde estaba su cuartel y marcharon al atrio del Templo Mayor. Un grupo de soldados se distribuyó en los accesos y el resto ingresó a la explanada. Todos iban armados, lo cual no resultó extraño para los indígenas, pues desde su llegada a Tenochtitlán no había día en que no cargaran con sus armas; además, estaban concentrados en sus danzas y cantos celebratorios.

Sin mediar palabra, Alvarado ordenó a sus hombres que cargaran sobre los señores mexicas. Bloquearon los accesos y nadie pudo salir. Primero arremetieron contra los tañedores, cortaron sus manos y los degollaron; la música dejó de sonar para dar paso a gritos y lamentos.

Todo era confusión para los mexicas. Los jóvenes guerreros y los capitanes fueron atravesados por lanzas; los cuerpos caían despedazados por las espadas españolas. Algunos guerreros intentaron huir subiendo por la escalinata del Templo Mayor, pero eran alcanzados y asesinados; los cuerpos rodaban por las escaleras y caían junto a los de otros señores indígenas que agonizaban con las entrañas expuestas. Otros más intentaron camuflarse entre los muertos, pero una vez que cayó la mayoría de los principales indígenas, los españoles se dieron a la tarea de rematarlos; no hubo posibilidad de que alguno sobreviviera. La sangre de los cuerpos tiñó de rojo el atrio del Templo Mayor.

La noticia de la masacre cundió por toda la ciudad y en cuestión de minutos el pueblo estaba levantado en armas. Alvarado y sus hombres se replegaron hasta el palacio de Axayácatl, apenas pudieron regresar a salvo. De inmediato, sus hombres aseguraron los accesos y prepararon la defensa. Comenzó el asedio con flechas y hondas. Los guerreros mexicas intentaron prenderle fuego a una de las alas del palacio, pero los españoles pudieron apagarlo.

El capitán se presentó ante Moctezuma, quien temió lo peor al verle la armadura completamente ensangrentada. Alvarado le expresó casi con indiferencia que había descubierto una conjura contra los españoles y actuó en consecuencia. Cuando el emperador supo que habían masacrado a los principales señores de la nobleza mexica, se sintió desfallecer y pidió que lo mataran, pues su pueblo no tendría dudas de que los había traicionado.

Pero Alvarado no estaba dispuesto a quitarle la vida, muerto no le servía de nada; en cambio, le pidió que enviara un mensajero a Cortés para informarle que el pueblo se había sublevado y que los tenían sitiados.

Alvarado recordó la recomendación que le había hecho Cortés antes de partir: «Y no hagas pendejadas, Pedro», mientras veía desde uno de los salones del Palacio de Axayácatl que México-Tenochtitlán, la capital del imperio, ardía en deseos de venganza.

CAPÍTULO 5

EL GRAN IMPERIO

Una ciudad llamada México

El gobernador de Cuba se mostraba impaciente y nervioso porque luego de varios meses de su partida no tenía noticia alguna de la expedición de Juan de Grijalva, en la que había invertido buena parte de sus ahorros. Su futuro se tornaba sombrío, pues era la segunda expedición que financiaba y temía lo peor.

Aunque la paciencia era una de sus virtudes, pudo más su ansiedad; en un arrebato, Diego Velázquez se hizo de una pequeña embarcación que puso en manos de Cristóbal de Olid, «hombre de valía y muy esforzado», quien había sido su paje tiempo atrás, para que siguiera la misma ruta de Grijalva y, en el mejor de los casos, lo alcanzara u obtuviera información si la expedición había sufrido algún percance.

«Presionado por Velázquez, Cristóbal de Olid partió de Cuba a las carreras a mediados de 1518 y le fue como en feria. Cerca de Yucatán se encontró con un temporal y para evitar el naufragio su piloto tuvo que cortar cables y amarras, por lo que se perdieron las anclas. Pasada la tormenta, Olid no tuvo más remedio que regresar a Cuba.

El amargo sabor de la adversidad se reflejaba en el rostro de Velázquez, a quien no lo calentaba ni el sol. El fracaso de Olid lo puso de peor humor, por lo que andaba rumiando su mala fortuna. Pero después le informaron que una de las naves de la expedición de Grijalva había atracado en el puerto de Santiago: era Pedro de Alvarado, que regresó cargado de oro, telas preciosas y otros regalos que impresionaron a todos los habitantes de Santiago de Cuba, porque nadie había visto un cargamento semejante en otras expediciones.

Alvarado fue recibido como un héroe, no solo por el oro que llevaba consigo, sino también porque había regresado con los soldados que cayeron heridos en Champotón y sobre todo porque confirmó que todo marchaba bien y que Grijalva había seguido con la expedición.

Frente a Diego Velázquez y otros hidalgos de Santiago de Cuba —entre ellos, por supuesto, Hernán Cortés—, Pedro de Alvarado contó sus andanzas en la expedición de Grijalva, en la que en todo momento habló de sí mismo como un héroe.

Desde luego, ocultó que Grijalva había decidido que volviera a Cuba porque durante toda la expedición había mostrado mala cara, inconformidad, una muy mala actitud, y sus arrebatos de indisciplina le habían ganado la animadversión del resto de sus compañeros. No lo querían más tiempo cerca.

Pero Alvarado «sabía muy bien platicar», según contaba Bernal Díaz del Castillo, y sedujo a propios y extraños con su narración de los hechos. Su valentía se agigantaba al contar episodios que podían provocarle temor a cualquiera. Así refirió que habían desembarcado en una isla donde los indígenas edificaron un templo dedicado a su dios Tezcatlipoca, un ser maligno al que le ofrecían sacrificios humanos. En el interior del templo encontraron los cuerpos de dos muchachos a quienes el sacerdote les abrió el pecho para ofrecer sus corazones y su sangre a ese ídolo maldito.

Los indígenas de aquel lugar decían que Tezcatlipoca era su dios verdadero, que andaba en todo lugar, en el cielo, en la tierra y en el infierno; era el que provocaba las guerras, las enemistades y las discordias; el que regalaba bienes, pero también los quitaba.

Más allá del temor que los sacrificios humanos podían provocarle a los españoles —ya habían llamado a otra isla Sacrificios, porque encontraron cinco indígenas sin corazones y con los brazos y los muslos cortados—, el islote resultó perfecto para resguardar las embarcaciones de las tempestades y los temporales, y como los indígenas señalaban que los culúa eran responsables de esos sacrificios, los españoles medio entendieron el vocablo y bautizaron la isla como San

Juan de Ulúa —sitio que con el tiempo se convertiría en la puerta de entrada a Veracruz—.

Fue en ese lugar donde Alvarado recibió las órdenes para regresar a Cuba y Grijalva continuó su exploración hacia el norte del golfo de México, con sus tres naves intactas y sin hacer fundación alguna, hasta llegar a la desembocadura del río Pánuco, donde emprendió el regreso para llegar a Cuba en noviembre de 1518.

Alvarado se reservó la mejor parte de su narración para el final. Ante la insistencia de Velázquez por saber de dónde había salido tanto oro, respondió que los había abordado una embajada de señores que decían venir de una gran ciudad muchas leguas adentro, la cual era gobernada por un señor que tenía poder sobre todas esas tierras y pueblos y vidas. La ciudad tenía el nombre de México-Tenochtitlán y el gran señor era conocido como Moctezuma.

Finalmente, en Santiago de Cuba se supo de la existencia de México. Su nombre comenzó a ser parte de las conversaciones cotidianas aun cuando lo que se sabía de aquel territorio eran apenas atisbos. Pero la gente había quedado perpleja ante lo que dijo Pedro de Alvarado y más cuando vieron lo que trajo consigo, de lo cual se tomó el quinto real para enviarlo al rey Carlos V.

Propios y extraños imaginaron riquezas inmensas, grandes cantidades de oro, joyas de todos tamaños, nada equiparable a lo descubierto hasta entonces. Las buenas nuevas, la certeza de que ya no eran más islas, sino todo un continente que aguardaba para ser explorado, revolucionó de nuevo a los colonos y aventureros españoles, que no habían encontrado ni en La Española ni en el Darién ni en Cuba el futuro con el que soñaron.

La existencia de grandes ciudades hacia el poniente de Cuba, de templos inmensos, de temibles ídolos alentó la codicia de muchos españoles avecindados en Santiago que estaban dispuestos a ir tras fama y fortuna sin importar el costo.

Luego de ocho días de fiestas y celebraciones por el regreso de Alvarado, el gobernador Diego Velázquez anunció que enviaría una tercera expedición y comenzó los preparativos en los últimos meses de 1518.

En esas andaban cuando se avisó que las tres naves al mando de Juan de Grijalva habían arribado con bien a Cuba. El capitán confirmó lo dicho por Pedro de Alvarado, pero Diego Velázquez lo reprendió: el gobernador esperaba que Grijalva hubiera tenido más iniciativa y arrojo para iniciar la colonización de las nuevas tierras en su nombre y a nombre de su majestad y así garantizar su dominio sobre lo descubierto y por descubrir.

Porque las cosas han de ser hechas antes que pensadas

Y como pueblo chico, infierno grande, tras el anuncio de Diego Velázquez de que organizaría una nueva expedición, en Santiago de Cuba comenzó la danza de las intrigas, de los acuerdos en las sombras, de las negociaciones tras bambalinas, de la manipulación y la grilla. El nombramiento del capitán de la expedición desató rumores, envidias y todo tipo de dimes y diretes.

Hernán Cortés, por entonces alcalde de Santiago, había estado muy atento de las noticias que trajeron consigo Grijalva y sus hombres. Fue prudente y discreto, habló con los capitanes, con los soldados, con Pedro de Alvarado, incluso con Bernal Díaz del Castillo, quien era de los pocos hombres que habían participado en las dos expediciones anteriores. Quiso saber hasta el último detalle y entonces movió sus piezas como en un tablero de ajedrez.

Si las apuestas hubieran corrido, nadie habría apostado un quinto por el nombramiento de Cortés como capitán general. Para nadie era un secreto que, por entonces, Velázquez no lo tenía en tan buena estima, a pesar de su compadrazgo. Sabía de la valía de Cortés, de su carácter y su decisión; no tenía dudas de que tenía el talento para dirigir hombres y llevar a cabo empresas riesgosas, pero desconfiaba de él, no obstante que en los últimos años no habían tenido ningún roce.

Cortés se sabía el mejor y más calificado para encabezar la nueva expedición. Tenía los méritos suficientes y el ímpetu necesario. Con 34 años de edad, siendo un excelente jinete y diestro con la espada, tenía capacidad para la organización y gozaba del respeto de los hombres. Nadie podía hacerle sombra.

Pero Cortés sabía que ningún mérito sería suficiente para que Velázquez lo eligiera, así que con algunas negociaciones y acuerdos particulares se ganó el favor de Andrés Duero y Amador de Lares, cuya cercanía con el gobernador era inobjetable: el primero era su secretario y el segundo, su contador; casi podía decirse que juntos eran su conciencia.

Y aprovechando esta condición, le hablaron al oído al gobernador hasta convencerlo de que una empresa de tanta importancia como la que preparaba no podía estar en mejores manos que en las de su compadre, porque Cortés sabía mandar y ser temido, y era el más fiel de sus hombres. Velázquez ni las manos metió; en unos días se había dejado convencer y un buen día anunció que Hernán Cortés, su compadre, sería el capitán general de la futura expedición.

Cortés había dado el primer paso y el primer golpe. Y como el que pega primero pega dos veces, una vez con el nombramiento de capitán general en sus manos, no perdió un solo minuto para organizar y alistar lo más rápido posible la expedición. Conocía muy bien a Velázquez y no tenía dudas de que tarde o temprano reflexionaría y se echaría para atrás. Casi estaba escrito que terminaría por destituirlo del mando, así que de octubre de 1518 a febrero de 1519, su actividad fue incansable; debía tener todo listo lo antes posible para zarpar en cualquier momento.

Aunque Cortés aportó una parte de los recursos para la expedición, Velázquez, fiel a su costumbre, financió la mayor parte. No faltó dinero y Cortés gastó a manos llenas: juntó poco más de 600 hombres, entre soldados, marinos, carpinteros y gente de otros oficios. De todos ellos, 200 habían participado en las expediciones anteriores. También consiguió 14 cañones, 31 ballestas y 13 escopetas; incluyó cerca de 300 indígenas y esclavos; se hizo de 11 naves que mandó reparar y armar; compró objetos llamativos que buscaría intercambiar por oro a lo largo del trayecto; reunió 16 caballos y yeguas; compró provisiones: vino, aceite, azúcar, habas, garbanzos, maíz, puercos, carneros, gallinas y tocino.

Mientras su compadre entregaba el alma organizando la expedición, Diego Velázquez tomó sus providencias para que Cortés no creyera que marchaba con toda la libertad de hacer y deshacer. Debido a ello, fue muy minucioso al redactar las instrucciones que el capitán general debía observar en todo momento y a las cuales debía sujetarse sin excepción.

Las instrucciones no eran un conjunto de lineamientos y sugerencias sin mayor validez que la de la palabra empeñada, se trataba de un documento oficial, firmado en nombre del rey, porque todos los descubrimientos habidos y por haber se hacían en su nombre y en el de la santa religión, y de todo lo obtenido un quinto terminaba en las arcas de la corona española. Si un expedicionario violaba las instrucciones, prácticamente quedaba fuera de la ley; por lo tanto, podía ser acusado de traición y tendría que enfrentar la justicia del rey.

Las instrucciones contemplaban 30 puntos. En la mayoría, quedó establecido que el sentido de la expedición era servir a Dios y a la santa religión; observar la moral cristiana (por eso no estaba permitido que ninguno de los hombres de la expedición tuviera relaciones con mujeres nativas —de ahí que, convenientemente, las bautizaran primero—); no podían robar ni hacerse de nada por la fuerza, tampoco podían violentar a las poblaciones nativas con las que se encontraran. Las instrucciones autorizaban a Cortés a buscar oro, pero solo podía obtenerlo por voluntad de los indígenas o mediante intercambios, por lo cual llevaban objetos vistosos que pudieran interesar a los indígenas.

Curiosamente, en la instrucción número 26, Velázquez le encargó a Cortés que averiguara si existían monstruos, pues por otras relaciones tenía conocimiento de la existencia de «gentes de orejas grandes y anchas, y otras que tenían las caras como perros», y también, si existían y en dónde se encontraban las amazonas de las que hablaba la mitología antigua, y que casi todos los exploradores de la época pensaban que hallarían en el Nuevo Mundo.

Ninguna de las instrucciones autorizaba a Cortés a explorar tierra adentro, tampoco a poblar, colonizar o hacer fundaciones. Lo más que podía hacer era recabar la mayor información sobre las noticias que había traído Grijalva acerca de México. Con estas providencias, la expedición quedaba reducida a un viaje de exploración —de ningún modo de conquista— que debía recorrer la costa y solo se podía desembarcar para conseguir agua, madera y alimentos, si lo permitían los indígenas, pero sin ningún otro fin.

Cortés no cuestionó ninguna de las instrucciones, las aceptó sin chistar y de buena gana con el fin de que Velázquez no pusiera en duda su lealtad y obediencia. Prefirió abocarse a la preparación del viaje. Dispuso, organizó, ordenó y gastó casi sin consultar sus decisiones con Velázquez, que comenzó a sospechar de su compadre. Al gobernador le inquietaban el afán y la dedicación con que se desenvolvía Cortés y cómo había logrado que toda la villa de Santiago participara de un modo u otro en los preparativos de la expedición. Por otro lado, enemigos de Cortés le calentaron la cabeza.

Con cada vez más dudas, Velázquez ordenó que ya no se le vendiera ningún producto, ni mercancía ni bastimentos a Cortés. Sin embargo, el futuro conquistador de México iba un paso adelante: se había hecho de todo lo necesario antes de que Velázquez girara sus instrucciones.

Cuenta fray Bartolomé de las Casas, amigo de don Diego, que unos días antes de que Cortés partiera casi clandestinamente de Santiago de Cuba, Velázquez lo fue a ver y le dijo con ironía:

—Oiga, compadre, ¿no piensa despedirse de mí? ¿Por qué se va?

A lo que Cortés respondió con un dicho, como le gustaba hacerlo:

—Porque estas cosas han de ser hechas antes que pensadas.

Días después, el capitán general zarpó a enfrentar su destino.

Sigamos la cruz, que en esta señal venceremos

La apresurada partida de Cortés no tenía otro objeto que alejarse de las garras de Velázquez. A pesar del afecto que le tenían muchos vecinos en Santiago de Cuba, Hernán sabía que eran los dominios de su compadre, quien podía apresarlo en cualquier momento y con cualquier pretexto. Así, el 18 de noviembre, todavía de 1518, la tercera expedición de Velázquez, al mando de Cortés, zarpó de Santiago, pero solo para atracar unos días después en la villa de La Trinidad y posteriormente en La Habana, donde completó el abastecimiento para su expedición. Consiguió todo tipo de armas, reclutó más hombres y se encontró con varios de los capitanes y soldados que lo acompañarían.

Por su parte, Velázquez estaba empecinado en detener y destituir al cabrón de Cortés. Giró órdenes que envió a La Trinidad y a La Habana, pero el capitán general, con el carisma y el buen verbo que lo caracterizaban, supo ganarse a las autoridades de ambas villas, quienes le dieron su apoyo y paso franco para seguir adelante.

Cualquiera que hubiera visto el avituallamiento de las naves habría concluido que esa expedición no se limitaría a explorar la costa, ya que tenía los insumos necesarios para penetrar tierra adentro en donde lo quisieran. Además, cualquiera que hubiera repasado los nombres de los capitanes de Cortés habría advertido que viajaba con los mejores hombres, los más experimentados, los más valientes y decididos de Cuba en esos momentos.

El destino los había convocado, los reunió en el lugar adecuado, en el momento adecuado. La Historia le tenía un lugar reservado a cada uno. La mayoría de ellos no llegaba a los 35 años de edad y ya tenía su bautizo de fuego en diversas campañas.

Con el capitán general viajaban Pedro de Alvarado y sus hermanos. Lo acompañaban, además, Diego de Ordaz —el primer ser humano en llegar a la cumbre del Popocatépetl— y Cristóbal de Olid, ambos hombres de Velázquez que terminaron por entregar su lealtad a Cortés. También, su amigo Alonso Hernández Portocarrero y Francisco de Montejo —futuro conquistador de la península de Yucatán—, así como dos personajes que habían participado en las expediciones anteriores y ya sabían de qué se trataba la aventura: Antón de Alaminos, que repitió como piloto de la nave principal donde viajaba Cortés, y, desde luego, Bernal Díaz del Castillo, por quien todos guardaban profundo respeto y quien generaba todo tipo de simpatías.

Los hombres de Cortés estaban ahí por su voluntad. Cada uno cargaba con su propia historia y habían migrado de España por distintas razones. Era falso que esos 600 hombres fueran la escoria de la península ibérica, criminales, asesinos o viciosos. Cada uno creía en conciencia que podía encontrar un mejor futuro en el Nuevo Mundo; también sabían que en su búsqueda podían perder la vida, pero valía la pena tomar el riesgo.

Cortés demostró que sabía mandar sobre otros: pudo conciliar los intereses particulares de cada uno de sus hombres con el interés general de la expedición. Ciertamente, sus capitanes no eran gente fácil: Alvarado, Montejo, Olid y Ordaz no se cocían al primer hervor; su origen social era superior al de Cortés, pues todos poseían encomiendas en Cuba, tenían tierras y se habían hecho de recursos; por lo mismo, eran indisciplinados y voluntariosos. Cortés tuvo que ganárselos con dinero, concesiones y promesas.

Entre sus hombres, la mayoría contaba con muy poco: algunos recursos ganados en campaña, algo de dinero obtenido por realizar diversos oficios, nada que los atara. No tenían nada que perder, así que su lealtad hacia Cortés y lo que pudieran conseguir a su lado era su mejor aliciente. Entre ellos se encontraban Bernal Díaz del Castillo, Andrés de Tapia y Juan Rodríguez Villafuerte.

El propio Hernán Cortés parecía estar hecho para ese momento, como si todo el camino recorrido desde su llegada a América hubiera sido una larga preparación, la antesala de algo superior que le aguardaba. Había tenido la paciencia y la mesura para conocer, para aprender, para experimentar. Ya no era el muchacho arrebatado que desembarcó en La Española, el tiempo le había dado madurez. Poco importaba que no hubiera participado en las dos expediciones anteriores, lo respaldaba su experiencia en la conquista de Cuba. Asimismo, una vez asentado en Santiago había aprendido de todo: administración, contabilidad, algo de leyes, cría de ganado, labores del campo, oficios, cómo tratar con los naturales y, desde luego, el arte de mandar, de ordenar y de disciplinar.

Sí, era verdad, lo movían la ambición y la fama —los alimentos del ego—; quería alcanzar la gloria y el reconocimiento de sus contemporáneos, pero tenía una convicción más profunda: estaba convencido de que cualquier conquista que hiciera a favor de la corona española y de su majestad imperial Carlos V respondía a una misión providencial.

No se comportaba como un elegido de Dios ni como un mesías. No obstante, sabía que era el brazo ejecutor de una misión trascendental que había comenzado en España con la reconquista de la península de manos de los infieles moros y que los descubrimientos en América eran la continuación de esa lucha para tratar de llevar a todos esos pueblos a la fe única y verdadera que debía reinar en el mundo entero. Ni siquiera algunos infortunios que había padecido doblegaron el ánimo de Cortés. En una de tantas batallas, había perdido cinco caballos; sus hombres le suplicaron regresar porque aquello era una mala señal, pero el capitán general no dejaba que los pensamientos funestos invadieran a sus hombres. Les pidió que se encomendaran a Santiago y continuaran adelante.

Con todo listo y, literalmente, sin nubes en el horizonte, el 18 de febrero de 1519, Hernán Cortés y sus capitanes partieron de Cuba y navegaron hacia el poniente. En la nave principal llevaba un estandarte que tenía bordadas la cruz y una frase que hacía recordar la señal que Constantino había visto en el cielo antes de entrar en batalla contra Majencio: «Sigamos la cruz, que en esta señal venceremos».

Un español maya

Los vientos soplaron a favor de Cortés desde el inicio de su expedición. Aunque podía ser una cosa menor, sus naves llegaron sin contratiempos a la isla de Cozumel. Ahí tuvo un desencuentro con Pedro de Alvarado, pero le sirvió como oportunidad para demostrar que él era el capitán general, que su autoridad era indiscutible y que no permitiría la indisciplina de ninguno de sus hombres.

Al igual que lo había hecho un año antes con Grijalva, cuando se aproximaban a Cozumel, Alvarado se adelantó con su nave y desembarcó antes que el capitán general y el resto de sus hombres. Poco le importaron las instrucciones de Velázquez y en uno de los pueblos hizo de las suyas: se apoderó de gallinas y otros alimentos, del oro que tenían los naturales en uno de sus templos y además prendió a dos indígenas y a una india.

Cuando llegó Cortés y se enteró de su comportamiento, lo reprendió con dureza, sin importarle que Alvarado se mostrara cínico e incluso más orgulloso. No había dudas en la voz del capitán general; no titubeaba, no lo detuvo que el otro contara con varios hombres que lo apoyaban incondicionalmente. Le hizo ver que no podían apaciguar aquellas tierras robando y arrebatando lo que no les pertenecía. También le ordenó que de inmediato devolviera el oro y todo lo que había robado, además liberó a los tres indígenas que tenía en su poder. A juicio de Bernal Díaz del Castillo, en ese momento Cortés comenzó a mandar y demostró por qué era el capitán general.

Al explorar la isla, los españoles encontraron varios templos y un ídolo principal de formas grotescas. Cortés ordenó su destrucción y en su lugar mandó colocar una cruz y una imagen de la Virgen María, y les explicó a los naturales quiénes eran y por qué no debían adorar ídolos que parecían demonios. Ahí, en Cozumel, el capellán Juan Díaz ofició la primera misa católica en tierras mexicanas.

Cuando los indígenas de Cozumel vieron a los españoles, no se sorprendieron como solía ocurrir en el primer encuentro. Esto tenía una explicación. Le comentaron al capitán general que no muy lejos de ahí, ya dentro de la península de Yucatán, había dos hombres como ellos. La noticia sorprendió a Cortés; sus capitanes supusieron que los tenían prisioneros. Entonces, él le ordenó a Diego de Ordaz que marchara con algunos de sus hombres y varios indígenas a donde se encontraran estos hombres para entregarles una carta en la que explicaba quiénes eran y cuál era la naturaleza de su expedición.

Ordaz partió a Yucatán, pero no se aventuró a ir tierra adentro. Mandó a los indígenas que lo acompañaban al poblado donde se encontraban los dos españoles en cautiverio para que les entregaran la carta de Cortés. Él permaneció con sus hombres en espera de alguna respuesta. Luego de ocho días sin recibir noticias regresaron a Cozumel.

Cortés no podía darse el lujo de permanecer más tiempo en la isla, así que ordenó levar anclas y continuar su camino. Luego de varias horas de navegación, se dieron cuenta de que una de las naves estaba haciendo agua, por lo que tuvieron que regresar a Cozumel para repararla.

El destino, los hados, la buena estrella, la providencia, la suerte o lo que fuera parecía jugar a favor de Cortés, porque el día en que tenía planeado dejar la isla, luego de reparar la nave, sus hombres avistaron una canoa y en ella venía uno de los dos españoles que habían ido a buscar unos días antes.

Cortés no pudo ocultar su alegría; el campamento español estalló en júbilo. Era Jerónimo de Aguilar, había llegado a las costas de Yucatán después de que naufragara en 1511. Refirió que había sobrevivido con otros españoles que fueron sacrificados y luego devorados por indígenas caribes, y que él habría seguido un destino similar, pero logró escapar hasta que llegó a un poblado donde lo esclavizaron; gracias a que poco a poco se fue ganando la confianza y el afecto del cacique, había podido sobrevivir tanto tiempo.

También refirió que había otro español, pero que no quiso venir con él, pues se había casado con una mujer de la nobleza indígena y había tenido tres o cuatro hijos con ella. Su nombre era Gonzalo Guerrero y había adoptado todas las costumbres de los mayas.

Cortés consideró la aparición de este español casi como un milagro, no solo porque le salvaba la vida, sino porque de buenas a primeras su expedición contaba ya con un traductor. Aguilar dominaba el maya y se convirtió en la mano derecha del capitán general durante toda la expedición.

La primera batalla

La expedición continuó su camino. Cortés se sintió tentado a desembarcar en Champotón y hacerles ver su suerte a los indígenas que les habían provocado tanto daño a los españoles de las dos expediciones anteriores. Muchos de sus hombres clamaban venganza, pero pudo más la prudencia y el consejo de Antón de Alaminos, que le recomendó al capitán general continuar porque los vientos eran propicios.

El 22 de marzo llegaron a la desembocadura del río Grijalva. Cortés ordenó que echaran anclas las naves de gran calado y preparó el resto para navegar por el cauce del río. Antes de comenzar la travesía, se llevaron una grata sorpresa.

Cortés había enviado al capitán Escobar a reconocer los alrededores, quien, de pronto, se encontró con la perra lebrela. Sí, la misma que iba en la expedición de Grijalva y se había quedado en tierra el año anterior. Juguetona como siempre, la perra se veía regordeta. Según Bernal Díaz del Castillo, el capitán Escobar contó que cuando la lebrela vio el buque acercarse, comenzó a saltar y a ladrar, movía la cola sin cesar y corrió hasta donde se encontraban sus hombres; su emoción, sus brincos y lamidas los hizo sonreír. A partir de ese momento, la expedición contó con una nueva integrante.

Las naves avanzaron lentamente sobre el río. Los capitanes ordenaron a sus hombres permanecer atentos y prestar atención a todo lo que miraran. Se escuchaba el agua corriendo en su cauce, que se mezclaba con los sonidos que hacían las aves, los animales y los insectos. El calor era apabullante.

Luego de un rato, los españoles vieron a cierta distancia decenas de canoas repletas de indígenas que no se veían nada amistosos. Se escuchaban voces en lenguas incomprensibles, pero en un tono amenazador.

Jerónimo de Aguilar pudo entender lo que decían los indígenas y confirmó que no estaban de buen humor. Cortés ordenó que le prepararan un bote y que con algunos hombres remara hasta donde se encontraban los nativos para decirles que venían en son de paz y querían pasar con las naves. La embajada fue breve; al cabo de un rato, Aguilar volvió con la respuesta: los indígenas no permitirían el paso de las naves por el río y estaban listos para la guerra.

Fue la primera disyuntiva que enfrentó Cortés dentro de la expedición: se retiraba o seguía a sangre y fuego. Sabía que volver a la costa habría sido una muestra de debilidad frente a los naturales e incluso frente a sus propios hombres, siempre dispuestos a combatir. Pero, por otro lado, no podía iniciar la expedición derramando sangre.

Decidió esperar a que cayera la noche e instruyó a sus generales a regresar por la artillería para montarla en las embarcaciones. También ordenó que todos los hombres se armaran. Aprovechó la oscuridad para formar sus naves en posición de batalla y esperó al amanecer.

Cortés no estaba dispuesto a iniciar el combate y envió una vez más a Jerónimo de Aguilar a tratar de persuadir a los nativos, pero fue inútil. Los indígenas cubrieron el cielo con sus flechas y comenzó la batalla.

Las armas de fuego de los españoles resonaron en toda la selva. Muchos de los indígenas que se encontraban en las canoas saltaron al agua; otros alcanzaron tierra firme y se escondieron entre la selva, pero luego del susto inicial volvieron a la carga. Cortés ordenó el desembarco de sus hombres y avanzó haciendo frente a los indígenas en medio del fango y del lodo que hacían más difícil la batalla. En un momento del combate, el capitán general perdió uno de sus zapatos, pero no dejó de pelear; terminaría la batalla descalzo.

Los indígenas se dispersaron y Cortés aprovechó el momento para tomar un respiro, reorganizarse y marchar hacia la villa de Tabasco. Con el apoyo de 100 hombres llegó ante la muralla que se levantaba frente a la ciudad. Con la espada en la mano, excitado por la batalla y dispuesto a no dejarse doblegar, Cortés les dijo a sus hombres:

—Este pueblo ha de ser esta noche nuestro alojamiento.

Y lo cumplió. Los españoles tomaron la villa con cierta facilidad. 14 hombres resultaron heridos, entre ellos Bernal Díaz del Castillo, cuya mejor arma era la espada. Las tropas de Cortés ocuparon tres adoratorios y montaron guardia toda la noche. Un silencio abrumador alertó a los españoles a la mañana siguiente.

Parecía que todo rastro de vida hubiera desaparecido de la villa de Tabasco y sus alrededores. Era un silencio perturbador, incómodo, atemorizante. Cortés no quiso esperar a ser sorprendido, por lo que desplegó dos columnas para explorar los alrededores. Puso una al mando de Alvarado y la otra bajo las órdenes de Francisco Lugo, quien cayó en una emboscada, pero gracias a la oportuna intervención de Alvarado pudo derrotar a los indígenas y tomar prisioneros.

La situación se complicaba. Jerónimo de Aguilar interrogó a varios de los cautivos indígenas y así se supo que el cacique de Tabasco había convocado a todos los señores de la región para unirse y hacerles la guerra a los españoles al día siguiente. Súbitamente, la suerte parecía haberle dado la espalda a Cortés.

No había más opciones que enfrentar a los indígenas. Cualquier otro escenario se presentaba como una derrota. Cortés conversó con sus capitanes y sus soldados, y ninguno sugirió la retirada. Esa noche los españoles velaron armas; al amanecer escucharon misa y comulgaron.

La mañana del 24 de marzo, Cortés y sus hombres se colocaron sus armaduras, prepararon ballestas, arcabuces, espadas y lanzas, y marcharon a una extensa llanura que los indígenas llamaban Centla. El capitán general dispuso que Diego de Ordaz marchara al frente de la infantería, desplegó la artillería a lo largo del campo y asumió el mando de la caballería acompañado de sus mejores capitanes, pero no la puso al descubierto, sino que se ocultaron en uno de los flancos para sorprender al enemigo.

Luego de esperar algunas horas, apareció el ejército indígena. Algunos españoles dijeron que eran tantos que no se alcanzaba a ver el final de su ejército. Portaban rodelas, hondas, arcos y flechas, cachiporras y macanas. A su paso tocaban caracoles, chirimías, conchas de tortugas percutidas con astas de venado, que producían un ruido ensordecedor. También tenían el rostro pintado para tratar de atemorizar a los españoles.

Los indígenas se lanzaron al ataque con ferocidad, pero a las primeras de cambio, los españoles respondieron con la artillería. Desconcertados por las armas de fuego, los naturales que peleaban en el campo de batalla rompieron formación; entonces, los caballos ibéricos irrumpieron como figuras monstruosas que sembraron el pánico entre los guerreros del bando enemigo.

Cortés y sus capitanes montaron los caballos que venían con la expedición y arremetieron contra los indígenas, que corrieron despavoridos, pues nunca antes habían visto animales semejantes —de hecho, los describirían como venados—. Luego de algunas horas más y mucha confusión, las huestes de Cortés cantaron victoria.

La batalla de Centla fue el primer sitio en la América continental donde los indígenas vieron y enfrentaron caballos y cañones. Los españoles acabaron con 60 heridos y dos muertos, gracias al orden y la disciplina que impuso Cortés. En cambio, sus enemigos sufrieron 800 bajas y un número indeterminado de heridos.

Luego de la victoria española, Cortés trató con respeto a los indígenas. Liberó a los prisioneros de guerra y se reunió con el cacique de Tabasco, que honró la paz regalándole oro, joyas, tejidos, víveres y 20 mujeres para que hicieran el pan de maíz «cuya fábrica era desde su principio ministerio de mujeres», lo que significa que sabían echar tortillas. De inmediato fueron bautizadas. En esos momentos, Cortés no mostró gran interés por ninguna de ellas; su cabeza y sus pensamientos estaban en aquellas tierras y en lo que estaba por venir.

En el campamento, al caer la noche, alrededor de las fogatas, los soldados contaban sus experiencias en combate. Algunos aseguraron haber visto al apóstol Santiago combatiendo a su favor en medio de las hordas indígenas, montado en su caballo blanco y con su tilma color rojo. Otros dijeron que había sido San Pedro el que intervino.

Atento y divertido, Bernal escuchaba a sus compañeros y con ironía interrumpió:

—Pudieron ser los gloriosos apóstoles de nuestro señor Jesucristo los que se aparecieron para ayudarnos a vencer, pero como yo soy pecador, no fui digno de ver a ninguno.

Y estallaron las risas en el campamento.

Al día siguiente, la expedición de Cortés zarpó rumbo a San Juan de Ulúa.

Marina

Su vida estaba por cambiar una vez más. Habían sido demasiadas veces y apenas cruzaba los 15 años de edad. El cacique la mandó llamar y la reunió con otras mujeres; en total eran 20, todas jóvenes, todas silenciosas, todas arregladas a la usanza de aquellas tierras, como si fueran de fiesta. El cacique las mandó reunir; todas jóvenes, todas silenciosas, todas arregladas a la usanza de aquellas tierras, como si fueran de fiesta.

En sus rostros se reflejaba de manera natural, como si ya fuera parte de ellas, la resignación, la de siempre, la de las esclavas que solo debían obedecer, la de las mujeres que se convertían en obsequios, en objetos de trueque, en cosas. No había resistencia ni asomo de rebeldía; su destino estaba en manos de los dioses y no había forma de eludirlo, ni siquiera lo contemplaban.

Malintzin y el resto de las mujeres fueron entregadas a Cortés. Él no prestó atención a ninguna y no porque su instinto no respondiera a su naturaleza, sino porque estaba seducido por la victoria alcanzada y se ufanaba de haber sometido al cacique de Tabasco, ahora su nuevo aliado. Se sentía invencible y poderoso.

Y tal como lo haría con todos los pueblos que encontró a su paso, una vez que los sometía por la fuerza de las armas, debía ganárselos en el nombre de la cruz. Al cacique de Tabasco y a su pueblo les habló de la santa religión y del dios único que los acompañaba, con la esperanza de ser lo suficientemente elocuente para que después de escucharlo aceptaran que los bautizaran.

El padre y fraile mercedario Bartolomé de Olmedo se encargó de explicar con mayor profundidad la doctrina; se apoyaba en Jerónimo de Aguilar para que los indígenas entendieran en su propia lengua. Lo mismo hicieron frente a las 20 mujeres que le habían regalado a Cortés. Les habló de la fe, les pidió que dejaran de creer en los ídolos a los que entregaban su devoción, pues eran seres malignos, no eran dioses y habían sido engañadas. Les suplicó que rechazaran los sacrificios y se entregaran al amor y a la bondad de Jesucristo a través del bautismo; entonces serían bienvenidas a una nueva fe.

Malintzin escuchaba sin poner atención, estaba más interesada en observar a los españoles, el color de su piel, el pelo que cubría sus rostros, la forma como hablaban, sus atuendos. No entendía por qué estaban ahí, pero sabía que a partir de ese momento su futuro estaba al lado de ellos, sus nuevos dueños.

Tampoco entendió por qué uno de los españoles, vestido de una manera distinta de la del resto de sus compañeros se acercaba a cada una, repetía algunas oraciones incomprensibles y vertía agua sobre su cabeza. No tardó en darse cuenta de que se trataba de un ritual con el que aceptaban la nueva fe y recibían un nombre distinto del que llevaban de nacimiento. Con el paso de los días supo que ya no era Malintzin sino Marina, al menos así comenzaron a llamarla los extranjeros; también supo que ya era cristiana.

«Fueron las primeras cristianas que hubo en la Nueva España», escribió después Bernal Díaz del Castillo, que no perdía detalle de lo que encontraba a su paso, aunque nunca tomó notas ni escribió cosa alguna.

Una vez bautizadas, Cortés dispuso de las 20 mujeres y no tuvo empacho en repartirlas entre sus hombres. Malintzin destacaba entre las demás; tenía un tipo racial que la hacía ver diferente de las mujeres originarias de esa región. Los españoles reconocieron que era una joven de una belleza particular, claro, porque nada tenía que ver con la estética española, pero sin duda saltaba a la vista.

Malintzin fue entregada a Alonso Hernández Portocarrero, uno de los capitanes de la expedición y a quien Cortés apreciaba porque eran paisanos —también era originario de Medellín—. Viajó al Nuevo Mundo en 1516 y se estableció en Cuba en 1518, donde hizo buenas migas con Hernán Cortés. Portocarrero no tenía recursos, pero le sobraba valentía. Antes de partir de Cuba, Cortés le demostró su simpatía: sabedor de que Portocarrero no contaba con montura, le compró una yegua con la que combatió en Centla.

La primera noche de Malintzin y del resto de làs mujeres indígenas a bordo de los bergantines españoles debió de ser uno de los momentos más duros en sus de por sí difíciles vidas.

Los españoles no habían llevado mujeres a la expedición y tenían casi dos meses de completa abstinencia, así que esa noche las mujeres indígenas conocieron el comportamiento primitivo y desenfrenado de aquellos hombres: la pasión desatada, los arrebatos animalescos. Probaron el sexo de los españoles, los olores amargos de quienes no acostumbraban el baño cotidiano, los del sudor y los calores agobiantes. Marina y sus compañeras se resignaron; al fin esclavas, lo único que había cambiado con respecto a su condición anterior era el tipo de hombres; pero, al final de cuentas, el trato era el mismo con unos y otros.

Con el paso de las semanas, Bernal, que solía ganarse con rapidez el favor de quienes lo conocían, estableció una buena relación con Marina, lo que le permitió conocer su historia personal. Era diferente de otras mujeres indígenas porque ciertamente no era una mujer del pueblo; a pesar de su condición de esclava, su comportamiento era delicado y tenía ciertos modales que delataban su origen.

Malintzin había nacido en Painala, un pueblo de la región de Coatzacoalcos, en los primeros años del siglo XVI. Era de buena cuna, pues sus papás eran caciques, así que nació entre servidumbre y vasallos. Pero su vida cambió con la repentina muerte de su padre. Para no perder sus privilegios, su madre se casó con otro cacique y tuvieron un hijo, que por mucho fue el predilecto de ambos y a quien decidieron heredar el cacicazgo.

La madre de Marina era mala, estaba ciega ante el amor de su esposo y de su hijo, y demostró que su corazón era de piedra. Una noche, aprovechó la presencia de unos comerciantes indígenas de Xicalango y les entregó a su hija para que se la llevaran. Para que nadie sospechara de su atrocidad, aprovechó que por esos días había fallecido la hija de una de sus esclavas y anunciaron que la muerta era su hija Malintzin.

Pocas veces el destino ofrece la posibilidad de la venganza, pero los dioses fueron generosos con Malintzin: después de la caída de Tenochtitlán, cuando ya era doña Marina, la gran señora de la conquista, y todos sabían que contaba con el favor de Hernán Cortés, tuvo la oportunidad de regresar a Coatzacoalcos acompañada por el propio conquistador de México.

Cuando su madre y sus hermanos se enteraron de su regreso, entraron en pánico; creían que había vuelto para matarlos y lloraron sin parar. Pero Marina fue magnánima, los consoló y le dijo a su madre que no tuviera miedo, que cuando la regaló a los señores de Xicalango no sabía lo que hacía y la perdonó. Antes de despedirse, agregó:

—Dios me alejó de la adoración de ídolos; ahora soy cristiana, tengo un hijo de mi señor Cortés y estoy casada con un caballero como es Juan Jaramillo.

Nunca más la volvieron a ver.

Pero ese momento estaba aún muy lejano. Una vez en manos de los comerciantes, la pequeña Malintzin comenzó una vida completamente distinta de la que había conocido. Parecía que los dioses se hubieran ensañado con ella. Los indígenas de Xilcango la llevaron a la península de Yucatán, donde aprendió maya; luego fue vendida o regalada como tributo de guerra al señor de Tabasco, donde permaneció hasta la llegada de los españoles; cuando la recibió Cortés, Marina tenía poco más de 15 años de edad.

A pesar de su origen noble, Malintzin aprendió a ser sumisa. Ese debía ser su destino, el sometimiento. Sin embargo, con un poco de confianza afloraban sus orígenes; podía ser entrometida y desenvuelta, como la describía Bernal, lo cual confirmaba que era de otra estirpe.

En los días que siguieron a su partida de Tabasco, Marina tuvo que acostumbrarse a la vida en la nave española. Portocarrero la trataba con deferencia, pero ella seguía sintiéndose ajena y extraña, como se había sentido desde que dejó Coatzacoalcos.

Nunca había navegado en aguas profundas y se mareaba enseguida. No dejaban de impresionarle las grandes velas y la facilidad con que las desplegaban o las arriaban. Los camarotes nada tenían que ver con la forma como vivían en Tabasco. Las bodegas contenían alimentos que nunca había probado, por ejemplo el tocino o el pan. A bordo había un movimiento incesante de los hombres, que iban y venían como si fuera una pequeña ciudad. Los indígenas no exageraron, los barcos eran templos flotantes.

Era el mediodía del jueves 21 de abril de 1519 —casi un mes después de haber dejado Tabasco— cuando las naves de Cortés atracaron en San Juan de Ulúa. Tal como había referido Pedro de Alvarado y luego lo ratificó Juan de Grijalva, la isla era un bastión natural para poner las 11 naves a buen resguardo y lejos de la amenaza de los temporales. El sitio no podía ser más propicio para los planes inmediatos de Cortés.

Pasaron algunos minutos antes de que se acercaran a San Juan de Ulúa un par de canoas con indígenas sin ninguna intención bélica. Llegaron con buen ánimo a darles la bienvenida a los españoles y a enterarse de cuál era la razón de su llegada. Se presentaron ante Cortés, que se encontraba rodeado de la mayoría de sus hombres, miembros de la tripulación, y las mujeres, que comenzaban a echar tortillas para la comida.

Teutile y Pilpatoe, los dos embajadores, hablaron. Cortés esperaba la traducción de Jerónimo de Aguilar, quien enmudeció y abrió los ojos sorprendido; intentó escuchar con calma, pero se dio cuenta de que no entendía. Solo alcanzó a ver cómo Cortés se llevaba las manos al rostro con desesperación.

Si en adelante ya no contarían con alguien que entendiera la lengua de los naturales, estaban jodidos. Poco les había durado el gusto. Parecían condenados a hacerse entender con señas. Pero, pasados unos instantes, el destino volvió a sonreírle a Cortés.

Una de las mujeres no dejó de prestar atención desde que se presentaron los indígenas; escuchaba lo que decían y vio la frustración de los españoles al no entender nada. Dejó lo que estaba haciendo y se acercó hasta donde se encontraban Cortés, Aguilar y la embajada indígena. Los miró y se dirigió a ellos en su lengua. Intercambiaron palabras, conversaron algunos minutos y luego ella se dirigió a Jerónimo de Aguilar, a quien le habló en maya.

Aguilar, a quien le había vuelto el alma al cuerpo, le dijo a Cortés que aquella indígena se llamaba Marina; era la mujer que le había entregado a Portocarrero en Tabasco y era la única persona de toda la expedición que sabía hablar «mexicano», como le llamaban a la lengua que se hablaba en Tenochtitlán. También conocía el maya. Cortés la miró detenidamente y sonrió.

De niña, Marina había aprendido la lengua de los mexicas; era la que se hablaba en Coatzacoalcos y no la olvidó. Su vida estaba a punto cambiar una vez más. El destino, siempre caprichoso, había decidió atar su suerte a la de Hernán Cortés.

Veremos en qué para este desafío

Viernes Santo de 1521. La fecha era una señal, un buen augurio; era el día en que la cristiandad conmemoraba la muerte de Jesucristo, cuyo sacrificio significó la redención de la humanidad. Era el día en que la cruz se había convertido en el símbolo de la fe. Así lo pensó Hernán Cortés al amanecer, pues con el signo de la cruz y por voluntad de Dios y de la Virgen, habían llegado con bien hasta ese lugar.

Cortés no quiso que el sol les pegara a plomo, por lo que desde temprano dio la orden de preparar los botes. Su gente cargó con casi todo el bastimento que traían desde Cuba: alimentos, vino, armas, artillería, caballos, cuerdas, herramientas. Sus capitanes daban órdenes, dirigían y organizaban a sus hombres; las voces de mando se confundían con las olas que parecían rugir al estrellarse con las rocas que defendían naturalmente a la isla.

Remaron en dirección a la costa más cercana que estaba a tiro de piedra frente a San Juan de Ulúa. Jerónimo de Aguilar y Marina iban en la embarcación del capitán general, junto con el padre fray Bartolomé Olmedo, otros hombres y la perra lebrela que habían rescatado en Tabasco y cuya presencia era celebrada por todos.

Una vez en tierra firme pusieron manos a la obra. Iniciaron la construcción de barracas para dar alojamiento a todos los hombres, levantaron un establo improvisado para los caballos y colocaron la artillería convenientemente, por si era necesario recurrir a ella.

Los españoles recibieron la ayuda de decenas de indígenas que llegaron con sus herramientas y montaron chozas con paredes y techos de palma. Los habían enviado los capitanes de Moctezuma, que el día anterior se habían entrevistado brevemente con Hernán Cortés.

En su primer encuentro, el capitán general expresó, a través de Marina, que venían a tratar asuntos importantes con el príncipe Moctezuma. No quiso entrar en detalles y prefirió agasajar a los enviados del emperador con un banquete en el que probaron vino de Castilla.

A la entrada de la barraca principal fue colocada una cruz de gran tamaño y en su interior levantaron un altar con una imagen de la Virgen María. Ese día, el padre Olmedo solo llamó a oración, pues no podía celebrar misa el día en que Cristo había sido crucificado.

A pesar de encontrarse en tierras extrañas, Cortés se desenvolvía con naturalidad y confianza. Se veía relajado y sus hombres lo notaban. Pedro de Alvarado y Cristóbal de Olid dedicaron el resto del día a explorar los alrededores. Sin embargo, Cortés le insistió al primero que fuera prudente, que no se alejara demasiado y no tomara nada que no fuera suyo. Sabía que su capitán era indisciplinado, pero también era el mejor de sus hombres: intrépido, arrojado y nada lo intimidaba.

En esos momentos de calma, Cortés finalmente prestó atención a Marina. Había quedado sorprendido de su talento y de la seguridad con la que intervino en la conversación con los representantes de Moctezuma el día anterior. Por lo menos le doblaba la edad, pero algo en su personalidad lo sedujo; era sumisa pero firme cuando hablaba, como si conociera los secretos de aquellas tierras.

Con la ayuda de Jerónimo de Aguilar, Cortés conversó con ella. Nada importante, vaguedades, frases sueltas, solo quería tener clara la forma como hablarían con los jefes, caciques y señores cuando llegara el momento. Cortés se expresaría en castellano, Aguilar repetiría sus palabras en maya y Marina las traduciría al mexicano, la respuesta sería a la inversa.

Después de un rato, Cortés le prometió su libertad si aceptaba ser su traductora, su mensajera y su secretaria. Años después, Bernal Díaz del Castillo escribió que sin doña Marina no habrían podido entender la lengua de los mexicanos.

Al día siguiente, los dos embajadores de Moctezuma, Teutile y Pilpatoe, volvieron acompañados por una gran comitiva. Cortés los recibió acompañado de sus capitanes y con todo señorío para mostrarles que no había más jefe que él. Marina les dijo que antes de que el capitán general les hablara de las razones por las cuales se encontraban en esas tierras, los invitaba a presenciar la misa solemne que ofrecería el padre Olmedo y en la cual estuvieron muy atentos, aunque no comprendieron nada.

Terminada la celebración religiosa y luego de un banquete ofrecido a los enviados de Moctezuma, Cortés les expresó que venía de parte del rey don Carlos de Austria —lo cual los dejó en las mismas—, para tratar con el emperador Moctezuma materias de gran consideración, convenientes no solo a su persona y sus dominios, sino al bien de todos sus vasallos; por lo que necesitaba entrevistarse con él.

Teutile torció la boca; se mostró incómodo y hasta molesto. Sabían que no cualquiera era digno de ser recibido en Tenochtitlán por el huey tlatoani, pero fue prudente. Antes de responder, los embajadores ordenaron a su gente que entregaran los obsequios que llevaban. Veinte indígenas ingresaron al salón cargando piezas de oro finamente trabajadas, ropa de algodón, mantas bordadas, plumas de colores.

Los obsequios no deslumbraron a Cortés, más bien se quedó a la espera de que los embajadores se pronunciaran sobre lo que les había dicho. Por la expresión de Marina, supo de inmediato que no serían bienvenidos en México. Teutile y Pilpatoe le dijeron a Cortés que recibiera esos regalos a nombre de su emperador, pero que sería imposible que lo recibiera debido a sus ocupaciones; era mejor que continuaran su viaje.

Cortés se paró de su asiento, caminó a lo largo de la barraca y frente a ellos les pidió a Aguilar y a Marina que tradujeran.

—No puedo aceptar la respuesta de ustedes que son embajadores. Consulten con su emperador, pero háganle saber que no me iré de sus tierras hasta verlo, porque su negativa sería un desaire para mi rey. —Y les dio siete días para que volvieran con la respuesta.

Los embajadores se mostraron desconcertados, primero, por el lugar prominente que tenía Marina junto al extranjero. Jamás habían visto por aquellas tierras que una mujer participara en conversaciones entre señores o caciques. Esto también resultaba insólito para los capitanes de Cortés, pero después de verla actuar y mirar la naturalidad con la que se desenvolvía, comenzaron a respetarla.

Por otra parte, Teutile y Pilpatoe no tuvieron más remedio que aceptar lo dicho por Cortés, quien a pesar de su firmeza no dejó de mostrarse amable con ellos y los agasajó el resto de la tarde. Desde luego, no lo hizo solo por generosidad, sino porque tenía el colmillo bien retorcido y en todas sus acciones siempre había un trasfondo.

Los embajadores de Moctezuma habían llevado tlacuilos, gente encargada de dibujar todo aquello que sirviera de información al tlatoani y a los señores de Tenochtitlán. Los tlacuilos pintaron a los españoles, dibujaron sus caballos, los cañones, el tipo de armas, la vestimenta. Cuenta Bernal que hicieron retratos de todos los capitanes de Cortés, lo cual corroboró cuando llegaron a Tenochtitlán meses después: Moctezuma parecía conocerlos a todos.

A sabiendas de que los tlacuilos no hacían su tarea solo por amor al arte, sino también con una clara intención de espionaje, Cortés decidió mostrar a los embajadores y al resto de los indígenas que los acompañaban algunas maniobras de sus hombres. Sin embargo, les comentó muy quitado de la pena que así eran las fiestas militares de donde venían.

Los capitanes españoles montaron los caballos y los hicieron andar a todo galope por la playa; dispararon la artillería, usaron los arcabuces y las ballestas, ejecutaron movimientos en formación de ataque. Teutile y Pilpatoe se quedaron sin habla. El resto de la comitiva no dio crédito a lo que veía.

Al término de las maniobras militares —eso habían sido, ni más ni menos—, Cortés entregó varios obsequios para Moctezuma. El capitán general había logrado inquietar a los embajadores mexicas o cuando menos los dejó con más dudas que certezas. En todo momento habló de que estaban ahí con fines pacíficos, pero mientras les extendía una mano en señal de amistad, escondía el garrote que cargaba en la otra.

Antes de partir a Tenochtitlán, Teutile y Pilpatoe acordaron establecer un campamento cerca de los españoles para no perderlos de vista. Se lo comunicaron a Cortés para que no se alarmara, pero a partir de ese momento todos los involucrados permanecieron alerta y expectantes del desarrollo de los acontecimientos.

Al cabo de siete días, los emisarios de Moctezuma regresaron con la respuesta de su emperador, que desconcertó a Cortés. Por un lado, la embajada llegó con 100 indígenas que cargaban en hombros un tesoro como nunca antes visto en el Nuevo Mundo: cantidades incalculables de oro y plata, piedras preciosas, alhajas, penachos, mantas, armas, collares, sortijas, pendientes y muchos objetos más. Todo formaba parte de un nuevo presente que Moctezuma había enviado a Cortés y que desató la codicia y la ambición de quienes formaban parte de la expedición. Si aquel tesoro era un regalo, ¿qué no hallarían en Tenochtitlán?

Sin embargo, el presente fue la sutil forma de decirle a Cortés que el emperador no podía recibirlo en su corte. Dieron varias razones para la negativa, que no eran más que pretextos: el camino a México era peligroso, había pueblos dispuestos a tomar las armas contra ellos, los víveres eran insuficientes para hacer el recorrido.

Cortés no cambió su decisión, agradeció con amabilidad el presente, aunque insistió en que iría a ver a Moctezuma y pidió de nuevo que le hicieran saber sus intenciones al emperador. Días después, recibió otro presente de menores dimensiones que el anterior, pero con una negativa más.

El jefe de la expedición española hizo saber a los embajadores mexicas que irían a Tenochtitlán, siempre en son de paz, pero que lo harían. Teutile y sus hombres se marcharon molestos, levantaron su campamento y se replegaron hacia el valle de México. El capitán general se reunió con sus capitanes, miró a Pedro de Alvarado con aire de complicidad y dijo con claridad para que todos sus hombres escucharan:

—Veremos en qué para este desafío.

El regreso de los dioses

Moctezuma era omnipresente, tenía conocimiento de cualquier hecho que ocurriera al interior de las fronteras de su imperio. Debido a su red de espías, recaudadores y jefes militares a lo largo y ancho del territorio, no perdía detalle alguno y gracias a eso sabía que los dioses estaban de vuelta.

Habían transcurrido diez meses desde que sus emisarios le informaron de la primera presencia de los templos flotantes en la costa de Veracruz. Ahora estaba enterado de su regreso, incluso ya tenía información de la batalla de Centla y de la forma como había sido derrotado el cacique de Tabasco.

El emperador esperaba que cuando sus enviados se presentaran en el palacio le informaran que los españoles habían continuado su camino. No obstante, la realidad era otra: le comunicaron que los extranjeros deseaban marchar a México para verlo.

Si un año antes el emperador se mostró tranquilo, las noticias recientes lo alteraron. Perdió la compostura, palideció, cayó preso de la angustia. Eran tiempos sombríos y nada abonaba al buen ánimo de Moctezuma.

Unos días antes había recibido a un viejo humilde y sencillo que se presentó en el palacio para contarle que había tenido un sueño en el que un águila inmensa lo tomaba con sus garras y lo llevaba hasta una gruta donde Moctezuma dormía entre flores. No quiso despertarlo, pero una voz grave que parecía salir del inframundo le dijo: «Así duerme tu rey, entregado a sus delicias y vanidades, cuando tiene sobre sí el enojo de los dioses y tantos enemigos que vienen de la otra parte del mundo a destruir su monarquía y su religión. Dile que despierte para remediar las miserias y calamidades que lo amenazan».

El emperador entró en pánico luego de escuchar el relato del viejo. Después de eso ya no tuvo dudas; todas las señales indicaban que su dios Quetzalcóatl había regresado para exigir su trono.

Desencajado, temeroso, lleno de ansiedad, cuando sus mensajeros le informaron del primer encuentro con aquellos señores, Moctezuma dispuso que reunieran obsequios para entregárselos a su señor e incluso le envió los atavíos sacerdotales que debía usar.

Antes de que su embajada dejara Tenochtitlán, Moctezuma expresó:

—Dicen que otra vez ha salido a la tierra el señor nuestro. Id a su encuentro. He aquí con lo que habéis de llegar: este es el tesoro de Quetzalcóatl. Id con prisa y no os detengáis; id y adorad en mi nombre al dios que viene y decidle «acá nos envía vuestro siervo Moctezuma», pero háganle saber que no es conveniente que venga por ahora, que siga su camino.

Desde el momento en que sus embajadores marcharon a encontrarse con los españoles, Moctezuma cayó en una profunda depresión. No volvió a conciliar el sueño y perdió el apetito. Se le escuchaba suspirar con una melancolía tan grande que contagiaba el llanto; pasaba el tiempo postrado en sus habitaciones o en el oratorio esperando alguna noticia. Su rostro era el de la angustia y la incertidumbre.

—¿Qué será de nosotros? ¿Quién de verdad quedará en pie? —repetía. No volvió a reír como acostumbraba.

Sus capitanes volvieron unos días después y fueron conducidos a un salón del palacio. Por haber sido testigos de grandes cosas y haber visto a los dioses y hablado con ellos, fueron rociados con la sangre de varios prisioneros sacrificados para la ocasión.

Terminada la ceremonia, Moctezuma se dispuso a escuchar atentamente a sus enviados. Conforme hablaban, más temores abrigó. La narración era aterradora, porque, además, le entregaron los dibujos realizados por los tlacuilos y en los cuales el emperador pudo ver cómo eran los extranjeros a quienes creía dioses.

También le describieron lo que Cortés había llamado fiesta militar:

—Mucho espanto nos causó oír cómo estalla el cañón, cómo retumba su estrépito, y cuando cae, se desmaya uno y se le aturden los oídos —contó uno de sus capitanes—. Sus aderezos de guerra son todos de hierro: de hierro se visten, de hierro ponen capacetes en sus cabezas, de hierro son sus espadas, de hierro sus arcos, de hierro sus escudos, de hierro sus lanzas. Los soportan en sus lomos sus venados. Tan altos están como los techos. Por todas partes vienen envueltos sus cuerpos, solamente aparecen las caras. Son blancos, como si fueran de cal. Tienen el cabello amarillo, aunque algunos lo tienen negro. Larga su barba, es también amarilla; el bigote también tienen amarillo. Son de pelo crespo y fino, un poco encarrujado. Sus perros son enormes, de orejas ondulantes y aplastadas, de grandes lenguas colgantes; tienen ojos que derraman fuego, están echando chispas. Sus ojos son amarillos, de color intensamente amarillo.

Las palabras de sus capitanes resonaban en la cabeza de Moctezuma. Lucía descompuesto y agobiado, había pasado demasiados días asolado por la angustia, transpiraba copiosamente y, mientras sus hombres hablaban, bebió agua en varias ocasiones. Cuando terminaron de contar su encuentro con los españoles, el emperador se levantó del equipal donde estaba sentado y se desmayó.

Una vez recuperado, ordenó que prepararan un presente como nunca se había visto. Pensó que con eso sería suficiente para saciar la ambición de los españoles y se fueran de aquellas tierras. Oro, plata, joyas, todo lo habido y por haber; fue necesario enviar más de 100 hombres para que llevaran el cargamento. Antes de partir, Moctezuma le dijo una vez más a su embajador que por ningún motivo quería a los extranjeros en Tenochtitlán y le pidió que dijera a Cortés, por si era Quetzalcóatl, que lo dejara morir y que una vez fallecido tomara su reino «pues es suyo y lo dejó en guarda a mis antepasados». Era una forma elegante de negarle el paso a la capital del imperio.

En tanto las embajadas iban y venían, Moctezuma se reunió con los principales de Tenochtitlán, con su hermano Cuitláhuac, con los soberanos de Texcoco y Tlacopan, aliados de los mexicas. Unos se pronunciaron por la guerra bajo el argumento de que eran extranjeros que llegaron armados, ataviados para el combate y con animales feroces, como les parecían los caballos y los perros mastines que traía la expedición. A pesar de que hablaban de la paz, parecían querer la guerra.

Otros señores prefirieron ser cautos y, más por temor que por un afán pacifista —sabían de lo sucedido en Centla—, consideraron que la hospitalidad traería mayores beneficios. Estos señores todavía creían que los extranjeros podían ser dioses, pues los rayos y truenos que los acompañaban —la artillería— solo era concebible entre las fuerzas divinas.

Los embajadores regresaron al cabo de unos días con la noticia de que los extranjeros no se irían hasta no entrevistarse con Moctezuma. Aunque el emperador mandó más obsequios con negativa incluida, les dijo a los señores principales de Tenochtitlán que si los extranjeros se negaban a obedecer juntaría un ejército poderoso para enfrentarlos. Días más tarde, volvieron sus embajadores con malas noticias. Habían fracasado: los extranjeros marcharían sobre México.

CAPÍTULO 6

NO QUEDARÁ UNO SOLO DE USTEDES, MALINCHE

No eran dioses, nunca lo fueron, pero aquellos presagios funestos que auguraban tiempos sombríos para Tenochtitlán no estaban equivocados. Moctezuma, el huey tlatoani de los mexicas, solo era una sombra de lo que había sido. Los tiempos de esplendor llegaron a su fin cuando los extranjeros desembarcaron en las costas del imperio.

Había transcurrido tan solo un año y dos meses desde entonces. Ahora, Moctezuma estaba cautivo en el palacio de su padre Axayácatl, con 70 españoles y varios cientos de tlaxcaltecas que intentaban multiplicarse para hacer frente a los miles de guerreros mexicas que buscaban tomar el palacio y matarlos a todos, luego de que Alvarado y sus hombres asesinaran a sangre fría a los principales señores de Tenochtitlán en el Templo Mayor durante las fiestas del Tóxcatl.

El emperador lloraba su desgracia mientras escuchaba los gritos y alaridos de su pueblo, el ulular de las caracolas y el incesante sonido de los tambores —que podrían haber desquiciado al más cuerdo— llamando a la guerra. Moctezuma no quería ver a nadie, no quería conversar con nadie; había perdido toda dignidad y esperaba que sus dioses se apiadaran y le quitaran la vida o estaba dispuesto a entregarla. Incluso exigió a los españoles que lo mataran. Pero no era necesario invocar a los dioses, a la muerte le aguardaba gran festín si Cortés no regresaba pronto a Tenochtitlán.

El ánimo del campamento español en Cempoala tras la victoria sobre Narváez era exultante. A los hombres que se sumaron a la expedición de Cortés les brillaban los ojos al escuchar a sus otros compañeros hablar del oro y de la plata que había en México. El propio capitán general no podía estar de mejor humor; confiaba en el porvenir.

Por eso causó gran sorpresa el estado en que regresó el mensajero que Cortés envió a Tenochtitlán para comunicarle a Pedro de Alvarado su victoria. El soldado español estaba herido y las noticias que traía de México acabaron con la euforia y la tranquilidad del campamento.

Cortés descansaba con Marina cuando escuchó las malas nuevas de su mensajero: los mexicanos se habían sublevado y tenían sitiadas a las fuerzas de Pedro de Alvarado en el palacio de Axayácatl. La información fue corroborada poco después, cuando se presentaron cuatro señores de Tenochtitlán y, en medio del llanto, le contaron a Cortés de la matanza perpetrada por su capitán.

Marina nunca había visto tan enojado a Cortés. Se le había metido el diablo; en un arranque de furia, tomó un yelmo entre sus manos y lo azotó contra el suelo. Se paseaba de un lado a otro de la barraca sin dejar de lanzar maldiciones e insultar a Alvarado; si lo hubiera tenido frente a él, lo habría atravesado con su espada.

Pero como no había tiempo que perder, dispuso la marcha de inmediato. Envió un par de correos para que Diego de Ordaz y Juan Velázquez de León suspendieran sus expediciones en Coatzacoalcos y el Pánuco, y lo alcanzaran en Tlaxcala. Partió hacia México con 1 300 soldados, 96 caballos, 80 ballesteros y 80 escopeteros. En Tlaxcala se unieron a los españoles 2 000 guerreros indígenas y el 24 de junio llegaron a Tenochtitlán.

La ciudad era un sepulcro: no se percibía sonido alguno, las calles sin un alma, las casas vacías, las canoas meciéndose apenas en el agua de los canales. Pareciera como si de pronto la tierra se hubiera tragado a los mexicas, lo cual era aún más inquietante porque Cortés esperaba un pueblo en armas, no una ciudad abandonada.

Pero no era un silencio natural, sino uno amenazador. Los españoles que ya habían estado en Tenochtitlán sabían que siempre se escuchaba algún instrumento, el sonido de las caracolas o de las flautas, el de los tambores que acompañaban los rituales y las danzas ceremoniales.

Los hombres que llegaron con Narváez y se sumaron a las huestes de Cortés eran los más asustados. Les habían prometido oro, tierras y mujeres, pero en cambio los esperaba la guerra y la muerte. Además, llegaban exhaustos, no estaban acostumbrados a los distintos climas, a las jornadas sin descanso ni a dormir en la intemperie siempre alertas. Habían caminado en cuatro o cinco días lo que Cortés y sus hombres recorrieron en cuatro meses. Nadie podía bajar la guardia. Los españoles y sus aliados tlaxcaltecas avanzaron sobre la calzada Iztapalapa con las armas preparadas y los tambores tocando a guerra; apenas cruzaban palabra y sentían la boca reseca por el miedo.

Cortés y sus capitanes esperaban lo peor. Mientras avanzaban hacia la ciudad pudieron ver quemados, casi destruidos y a punto de hundirse, los dos bergantines que habían construido unos meses antes. Cortés había ordenado que se hicieran esas naves para recorrer las poblaciones ribereñas, conocer las dimensiones del lago y calcular los tiempos entre unas ciudades y otras. El propio Moctezuma, a pesar de su cautiverio, proporcionó hombres que ayudaron en su construcción e incluso llegó a viajar en los bergantines en un par de ocasiones cuando salió de cacería con Pedro de Alvarado y otros hombres.

Aquella ciudad que parecía salida de un sueño se había desvanecido; se convirtió en pesadilla, pensó Bernal Díaz del Castillo. El soldado favorito de Cortés aún tenía fresco el día que entraron a México, el 8 de noviembre anterior, apenas ocho meses antes. Decenas de miles de personas llenas de expectación habían salido a recibirlos para saber quiénes eran. La gente los miraba con curiosidad desde sus canoas, apostados en las calles de tierra o en las azoteas de las construcciones. 200 señores ataviados con sus mejores galas habían acompañado a Moctezuma a recibir a Cortés.

Habían conocido una ciudad boyante, bulliciosa —como toda capital imperial—, limpia, con plazas y fuentes por doquier. No pocas cosas habían cautivado la mirada de los españoles como los refugios hechos de junco donde la gente podía defecar, pero lo más interesante era que ponían a secar el excremento y lo utilizaban para la manufactura de la sal, el curtido del cuero o como fertilizante para la tierra.

Bernal nunca había visto una ciudad más limpia; el gobierno destinaba canoas que recogían la mierda y también la basura. Ejércitos de barrenderos mantenían limpias calles y canales y se encargaban de prender fogatas por las noches para iluminar la ciudad.

La limpieza de los mexicanos sorprendió a los españoles: se bañaban todos los días y la ciudad contaba con baños de vapor, baños públicos y albercas. Al enterarse de que los indígenas se lavaban el pelo con jabón hecho de pulpa de aguacate, Bernal recordó que los moros hacían algo similar.

El ejército de Cortés apresuró el paso, y cuando las fuerzas de Alvarado lo vieron llegar, una ovación resonó en la plaza principal de Tenochtitlán por donde entraban las tropas españolas de refresco y los dos mil guerreros tlaxcaltecas. Se dispararon varias salvas de artillería y en los patios del palacio de Axayácatl los hombres se saludaron con efusividad; muchos se conocían porque todos venían de Cuba.

Moctezuma y Alvarado recibieron a Cortés, pero el capitán general despreció al emperador. Sospechaba de él y en cierto modo lo responsabilizó del levantamiento de su pueblo, de no haberlo evitado, a pesar de saber que la matanza la había perpetrado Alvarado. Fue un encuentro incómodo y Moctezuma se retiró a sus aposentos abrumado, desconcertado y sin saber qué esperar. Se veía abatido.

Cortés estaba encabronado. Por primera vez desde el comienzo de la expedición había quedado como un tonto. Se había ganado a los hombres de Narváez alardeando de su autoridad y del control que tenía sobre Tenochtitlán y su gente; les había presumido que en todos los pueblos eran bien recibidos y bien queridos.

Pero las circunstancias de los últimos días demostraron lo contrario. De Veracruz a México solo encontraron indiferencia, escasa colaboración y nada que hubiese hecho pensar a los españoles que les aguardaban riquezas, grandes viandas y un futuro promisorio. Su presencia en los dominios del imperio mexica ya no era novedad y para muchos pueblos que permanecían leales a Tenochtitlán, los españoles se habían transformado en una amenaza para su seguridad.

—Fue necesario matarlos, preparaban una celada, estaban listos para atacarnos —le expresó Alvarado a Cortés con una indiferencia que helaba la sangre—. El emperador recibió mensajes de Narváez en los que se comprometía a liberarlo —continuó el capitán su explicación—. No podíamos permitir que Moctezuma creyera que podía doblegarnos. Además, un grupo de guerreros intentó retirar la imagen de Nuestra Señora del templo donde la colocamos.

Moctezuma envió a uno de sus sirvientes pidiendo ver a Cortés, pero el capitán general estaba fuera de sí, lo despreciaba como despreciaba a Alvarado, aunque con el español se contuvo porque, dada la precaria situación, debía cerrar filas con todos sus hombres y el principal era Pedro. Desde luego, no creyó en su versión para justificar la matanza, pero le convenía aparentar que lo hacía para mantener la lealtad de su capitán y al mismo tiempo apretar más el pescuezo del emperador.

Cortés estaba tan molesto que se refirió a Moctezuma con inusual dureza, lo llamó «perro». Le parecía inverosímil que el emperador no hubiera podido ordenar que sus sirvientes continuaran llevando alimentos como lo hacían desde que llegaron a Tenochtitlán. Los víveres escaseaban y, con los recién llegados —3 000 hombres aproximadamente—, era cuestión de días para que se acabaran los alimentos. Si continuaba el asedio mexica, no habría forma de salir con vida de Tenochtitlán.

El enojo de Cortés preocupó a sus capitanes; algunos trataron de sosegarlo, como Cristóbal de Olid, quien le hizo ver que desde un principio Moctezuma se había comportado con honorabilidad y en todo momento había estado pendiente de ellos. Cortés se molestó con las críticas de sus hombres, pero aceptó ver al emperador.

La ciudad continuaba en calma, no había rastro de los guerreros mexicas, pero no podían aventurarse a salir a buscar alimentos porque esperaban un ataque en cualquier momento. Los españoles reforzaron las posiciones defensivas, colocaron las piezas de artillería apuntando a los principales accesos y calles que desembocaban en el palacio, y permanecieron alertas.

Desde el salón donde se encontraba Cortés se alcanzaba a ver el palacio de Moctezuma. Quizá por las circunstancias, quizá porque lucía abandonado, sin ningún alma que se moviera en los alrededores, había perdido su esplendor.

Cortés y sus hombres se maravillaron cuando lo conocieron al otro día de su llegada a Tenochtitlán. Nadie tenía duda de que el capitán general le echó ojo al palacio de Moctezuma —de hecho, al triunfo de la conquista se apropió de él—. «En España no hay nada parecido», le escribió Cortés a Carlos V.

Tan solo unos años antes, Moctezuma había ordenado la edificación de las casas reales. La construcción se realizó a un costado del Templo Mayor. La inmensa propiedad cubría toda el área del actual

Palacio Nacional. Hacia el norte ocupaban además la cuadra donde se construyó la Universidad de México y por el sur alcanzaban el predio ocupado en la actualidad por la Suprema Corte de Justicia de la Nación.

Era de tales dimensiones que contaba con 20 puertas de acceso; la mayoría daba a la plaza y otras a las calles de los alrededores. Tenía tres patios y en uno de ellos había una fuente a la que llegaba el agua, pura y cristalina, directamente de Chapultepec. Tenía salas para distintas recepciones, 100 recámaras y casi un centenar de baños. Sus paredes eran de cal y canto, pero también de mármol, jaspe y piedra volcánica; los techos, de maderas preciosas como el cedro, cipreses, pinos. Cada habitación estaba pintada y amueblada con mantas de algodón, pelo de conejo y plumas.

Poca gente pasaba la noche en el interior de las casas reales, pero se decía que había 1000 mujeres —entre señoras, esclavas y criadas— al servicio de Moctezuma. En una de las salas cabían 3000 personas con toda comodidad y en otro de los salones, de gran tamaño, los españoles consideraron posible que 30 hombres a caballo «pudieran correr cañas como en una plaza». En la entrada principal, el escudo de armas daba la bienvenida: un águila abatida por un tigre, las patas y uñas dispuestas para hacer presa.

A los españoles se les hizo agua la boca cuando vieron el oratorio: la capilla estaba chapada con planchas de oro y plata «casi tan gruesas como el dedo» y adornada con esmeraldas, rubíes y topacios.

Cada mañana, 600 señores y personas principales acudían a encontrarse con Moctezuma. Algunos permanecían sentados, otros recorrían los pasillos mientras esperaban para ver al tlatoani. Escribió Hernán Cortés: «Los señores que entraban en su casa no entraban calzados, y cuando iban delante de él algunos que enviaba a llamar, llevaban la cabeza y ojos inclinados y el cuerpo muy humillado, y hablando con él no le miraban a la cara».

La comida era un ritual. De 300 a 400 jóvenes llegaban con los más variados manjares: carne, pescado, frutas y vegetales «que en toda la tierra podía haber». Cada platillo era colocado sobre un brasero. Moctezuma permanecía sentado sobre una almohada de cuero acompañado por cinco o seis señores ancianos, a quienes daba de comer. Antes y después de los alimentos, los ayudantes del emperador le llevaban una vasija con agua y una toalla para limpiarse, que nunca más usaba —al igual que los platos en los que comía—.

Cortés rumiaba su malestar, sabía lo que era Tenochtitlán en tiempos de paz. Una ciudad industriosa, organizada, demasiado limpia para lo que estaban acostumbrados a ver, con sus calles bien trazadas, templos para cada uno de sus dioses y lugares como la casa de las aves y de las fieras —el llamado Zoológico de Moctezuma, localizado donde hoy se encuentra la Torre Latinoamericana y donde estuvo el Convento de San Francisco—.

Más que un lugar recreativo, la casa de las fieras reflejaba la inmensidad del imperio. Los mexicas tenían especies vivas de regiones muy lejanas: pumas, linces, jaguares, osos, bisontes, jabalíes, venados, ocelotes, zorros, coyotes, patos, garzas, águilas reales, halcones, pericos, guacamayas, quetzales, faisanes, serpientes, cocodrilos y loros. Una sección estaba destinada a la gente con malformaciones físicas —enanos, jorobados— o con aspecto fuera de lo común, como los albinos. El emperador tenía 600 personas destinadas al cuidado de todas las especies, incluidas los seres humanos.

Cortés lamentaba que todo se hubiera salido de control. El éxito de su empresa, al menos en un futuro inmediato, se desvanecía. Había pocas esperanzas para la paz y la guerra tocaba a las puertas del palacio de Axayácatl. Pero siendo un hombre pragmático, su primera preocupación era el abastecimiento de víveres.

El mercado de Tlatelolco habría remediado la situación. No tenía comparación con nada de lo que él había visto antes, ni en Cuba ni en La Española ni en Medellín. La variedad de productos que ahí se comerciaban era inimaginable: vainilla, miel, amaranto, semillas de calabaza, chile; carne de conejo, de venado, de iguana, de jabalí, de mono, de ardilla, de comadreja, de serpientes, de ranas; gusanos de maguey, chapulines, xoloescuintles, guajolotes, pescados, camarones, caracoles, tortugas, además de esclavos para el servicio o los sacrificios; flores y frutos, sandalias, huipiles, cerámica utilitaria, pieles de animales; cuchillos y navajas que tallaban en el lugar; plumas, joyas de jade, objetos de cobre y oro; hierbas medicinales, semillas para el consumo y para la siembra. Las mantas, el hilo y el cacao eran la moneda de cambio para la compra-venta de mercancías.

Hasta antes de la matanza del Templo Mayor, no hubo un solo día en que los españoles no recibieran víveres de Tlatelolco. Alvarado le informó a Cortés que iniciado el asedio mexica, el mercado dejó de funcionar. Fuera cierto o no, era imposible enviar hombres hasta Tlatelolco, no habrían regresado con vida. Por eso decidió recibir a

119

Moctezuma, porque si todavía gozaba del respeto de su pueblo, podría ayudarlos a restablecer el orden o, cuando menos, ordenar que no les faltara alimento.

—Malinche, yo no puedo ordenar nada, me encuentro aquí, como un cautivo, como tu prisionero —le expresó el emperador a Cortés; de esta forma lo hacía responsable, sutilmente, de la situación—. Así me ve mi pueblo, por eso quiere la guerra.

Moctezuma se mostraba firme ante el español; su docilidad se transformó en hastío. Estaba agotado, cansado de los españoles, cansado de sus deseos, cansado de su vida. Sentía repudio y vergüenza.

—No te he engañado; no hice alianza alguna con Narváez. Te recibí en mi ciudad con todas las consideraciones. Te alimenté, te ofrecí el palacio de mi padre. Tú y tus hombres han abusado. Tonatiuh asesinó a mis señores y tú me culpas de lo que acontece.

Cortés escuchaba la traducción de Marina, quien había asimilado el castellano con rapidez sorprendente, pero sobre todo la forma de comunicarse de los españoles: no suavizaba las frases del emperador, no le daba vueltas al asunto, era clara y directa. Había aprendido que de ese modo el mensaje tenía más impacto. Pero Cortés no necesitó terminar de escuchar a Marina para saber que el emperador le reclamaba.

—Lo único que puedo hacer es recomendarte, Malinche, que liberes a Cuitláhuac, uno de mis señores, para que en mi nombre intente remediar el abastecimiento de víveres y tranquilizar a mis guerreros —expresó Moctezuma con seguridad, tratando de convencer a Cortés de que era la mejor opción que tenían.

—De acuerdo —respondió Cortés, sin entrar a discutir quién tenía la culpa de la situación. Le ordenó a Pedro de Alvarado que liberaran a Cuitláhuac. Su enojo y su frustración le impidieron ver con claridad que había tomado la decisión incorrecta. Cuitláhuac era el señor de Iztapalapa, hermano del emperador Moctezuma, uno de los pocos señores de Tenochtitlán que se opuso a recibir a los españoles; no confiaba en ellos y nunca creyó que su presencia en México sería benéfica para los mexicas. Cortés no tardaría en saber que había liberado al hombre que encabezaría la lucha contra los españoles en los siguientes días.

Antes de salir del palacio, Cuitláhuac se despidió de Moctezuma. Sabía que no volvería a verlo. Aunque no hablaron nada que pudiera comprometerlos, pues Marina podía escucharlos, el hermano del emperador no tenía ninguna intención de interceder por los españoles, Moctezuma también sabía que aquel breve encuentro era el último que tendrían en vida. Una vez liberado, Cuitláhuac marchó a entrevistarse con los capitanes mexicas que asediaban el palacio de Axayácatl y poco después envió a un emisario ante Cortés.

—No quedará uno solo de ustedes, Malinche —mandó decir Cuitláhuac a Cortés—. Ofreceremos sus corazones y su sangre a nuestros dioses. Con sus piernas y sus brazos tendremos para hacer fiestas. Echaremos sus cuerpos a los tigres y leones y víboras y culebras que tenemos encerrados, hasta que se harten. Y a los tlaxcaltecas los pondremos a engordar en jaulas, luego los sacrificaremos poco a poco. —Con ese mensaje Cortés supo que había llegado el tiempo de la guerra.

Unas horas después de la liberación de Cuitláhuac, llegó un soldado español hasta el palacio de Axayácatl. Estaba herido. De inmediato le informó al capitán general que miles de guerreros se encontraban en las calles cercanas con hondas, lanzas, arcos y macanas. Cortés envió a Diego de Ordaz con 400 hombres, incluyendo guerreros tlaxcaltecas, para verificar la información y calcular el número de enemigos que enfrentarían.

La incursión de Ordaz fue un desastre, apenas avanzó unos metros sobre la calzada de Tacuba, se encontró rodeado por los mexicas que atacaron su columna sin cesar. Españoles y tlaxcaltecas se abrieron paso con sus espadas, con sus lanzas, peleando cuerpo a cuerpo, disparando sus arcabuces, pero fue inútil, Ordaz llamó a retirada y con gran trabajo lograron regresar hasta el palacio, donde otro grupo de soldados salió para ayudarlos a reingresar a la fortaleza. La mayoría de los hombres, incluyendo a Ordaz, resultaron heridos.

Los españoles habían agitado el avispero y si en las últimas horas Tenochtitlán parecía una ciudad desierta, de pronto se escucharon gritos que se confundían con los tambores que tocaban a guerra. El palacio de Axayácatl fue atacado en todos sus accesos, en donde los españoles habían improvisado parapetos con el mobiliario del palacio. Llovían las flechas y las piedras en tan grandes cantidades que pronto los patios quedaron cubiertos y era imposible atravesarlos sin tropezar.

Cortés ordenó que pusieran a buen resguardo a doña Marina, a doña Luisa —la esposa de Alvarado— y a las otras mujeres que acompañaban a los españoles. Las llevaron a una de las habitaciones interiores, lejos de las entradas al palacio, en donde estaban a salvo de flechazos y pedradas. Antes de que Cortés regresara a dirigir la resistencia, Marina lo abrazó, pero el español fue casi indiferente, no había tiempo para cariños.

El emperador Moctezuma y el resto de los señores principales cautivos también fueron alejados de los accesos y custodiados en todo momento por soldados españoles para evitar algún intento de escape.

Alvarado, Olid, Sandoval, Ordaz y el resto de los capitanes de Cortés gritaban órdenes a sus soldados, que defendían sus posiciones sin parpadear. Los indígenas arremetían sin recato, sin miedo, con insolencia; algunos intentaban ingresar al palacio y caían ante los disparos de los ballesteros y arcabuceros. La artillería resonaba en toda la ciudad, cada disparo arrasaba con 10 o 12 indígenas, pero la muerte de los guerreros más que desanimarlos parecía infundirles mayor ferocidad y cerraban filas para volver a la carga. Las bocas de los cañones no eran de los dioses, eran de sus enemigos.

El número de mexicas que cargaba contra las posiciones de los hombres de Cortés no disminuía ni mostraba rastros de cansancio. Los batallones que intentaban tomar los accesos recibían apoyo de otros guerreros que atacaban con arcos y hondas desde las azoteas de las construcciones contiguas y desde las canoas apostadas en los canales que hacían frontera con el palacio.

A un ataque le sucedía otro y otro más. Si los mexicas lograban traspasar algún acceso, de inmediato respondían los tlaxcaltecas hasta no dejar a ninguno de sus enemigos con vida. Eso daba tiempo a los españoles para reconstruir sus defensas. En algunas posiciones, los aztecas lanzaron teas ardiendo y flechas en llamas; el fuego y el humo se esparcían con rapidez dentro del palacio, así que algunos combatientes se veían obligados a dejar sus posiciones para acudir a sofocar el fuego ante el riesgo de morir asfixiados.

Cortés no dejaba de moverse, iba y venía, daba órdenes, arremetía con su espada contra los indígenas que lograban ingresar, movía soldados como en un juego de ajedrez. Ninguno de los pueblos que había enfrentado desde que llegó a Veracruz combatían con tanto arrojo como los mexicas. Finalmente, conoció en carne propia la bravura de la que tanto había escuchado, la fama de los mexicas demostrada en cada embate. No daban ni recibían cuartel y estaban dispuestos a perder miles de hombres hasta que no quedara ni un solo español y ni un solo tlaxcalteca con vida.

Quienes lograban sobrevivir hasta la caída del sol sabían que tendrían un respiro durante algunas horas. Los mexicas no atacaban de noche, se retiraban y regresaban al amanecer. Los españoles aprovechaban la oportunidad para reorganizarse y fortificar las defensas, para curarse las heridas, tomar un descanso y recuperar las fuerzas para la jornada siguiente.

Así transcurrieron un par de días: el palacio de Axayácatl bajo asedio continuo y los españoles resistiendo. Durante la mañana del 27 de junio, Cortés tomó una decisión que parecía un suicidio: subir a lo alto del Templo Mayor, recuperar la imagen de la Virgen María que habían colocado y prenderle fuego al adoratorio de Huitzilopochtli, donde también se encontraba Tezcatlipoca.

Los hombres de Cortés estaban desconcertados, pero no se opusieron. Pasaron la noche anterior construyendo cuatro torres en las que cabían aproximadamente 25 hombres en cada una, con las cuales podrían avanzar y protegerse de las hordas indígenas y al mismo tiempo atacarlas con los arcabuces y ballestas.

Los españoles salieron del palacio protegidos por varios grupos de guerreros tlaxcaltecas y avanzaron lentamente. Los mexicas dividieron sus fuerzas; una parte continuó atacando el cuartel de los españoles y otro enfocó sus esfuerzos sobre las torres.

Las defensas españolas comenzaron a ceder y para cuando llegaron al pie de la escalinata del Templo Mayor estaban casi destruidas. Entonces comenzó el combate cuerpo a cuerpo. Cortés subió blandiendo su espada, lo habían herido en la mano izquierda, pero siguió adelante. Desde varios peldaños arriba, dos guerreros mexicas se aventaron sobre el español para tratar de arrastrarlo en su caída, pero logró desasirse antes de rodar con ellos.

Cortés parecía el dios de la guerra atravesando enemigos con su espada, se los quitaba de encima con un brazo y rodaban por la escalinata; no dudaba, no se detenía, avanzaba con la convicción de quien cree tener la victoria de su lado antes de alcanzarla.

Llegó a la cima del templo, pero la imagen de la Virgen María había desaparecido. No había tiempo para dudas, la dio por perdida y ordenó prenderle fuego al adoratorio de Huitzilopochtli. Una vez que las llamas comenzaron a consumirlo, ordenó la retirada y comenzó el descenso para regresar al palacio de Axayácatl. Dieciséis españoles perdieron la vida en el temerario asalto al Templo Mayor y lo único que lograron fue aumentar el odio de los mexicas.

Los guerreros aztecas despreciaban la muerte. Nada de lo hecho por los españoles y tlaxcaltecas parecía hacerles mella. Ciertamente estaban dispuestos a todo por destruir a sus enemigos; no importaba si el número de muertos era inmenso, tenían que liquidarlos y sabían que solo era cuestión de tiempo. Sin la posibilidad de recibir alimentos, tenían contados sus días.

—Necesitamos al emperador, necesitamos que trate de apaciguar a su pueblo —les dijo Cortés a sus capitanes una vez que regresaron de su incursión al Templo Mayor. Marina le curó la herida de la mano, mientras comentaba que no tenían otra alternativa—. Que Moctezuma salga ante su pueblo y le comunique a su gente que cese la guerra, que nos iremos de la ciudad.

Sus hombres sabían que no era miedo lo que movía a su capitán general a tomar una determinación así. Era un paso calculado. Tenían la certeza de que si salían bien librados de Tenochtitlán regresarían por sus fueros más adelante. Cortés no quiso que su expedición terminara en una matanza de españoles con las cabezas de sus hombres expuestas en el tzompantli.

Por instrucciones de Cortés, Marina fue a los aposentos de Moctezuma a pedirle que intercediera por ellos.

—Gran señor, usted puede terminar la guerra y hacer que los extranjeros dejen la ciudad —le dijo con suma amabilidad—. Hable con su pueblo, hágalo por su gente.

Pero la respuesta de Moctezuma fue fría y contundente:

—¿Qué más quiere de mí, Malinche? Ya no deseo vivir ni oírle; su causa ha sido mi desventura. No quiero verlo ni oír sus falsas palabras, ni sus promesas ni sus mentiras. Retírate, mujer. Vete.

La negativa de Moctezuma contrarió a Cortés, pero en lugar de dejarlo ver su ira, aceptó que fray Bartolomé de Olmedo y Cristóbal de Olid mediaran para convencer al emperador de que lo mejor para todos era su intercesión. En esos momentos no podían permitirle a Cortés un arrebato de cólera que terminara con la vida de Moctezuma. Si el emperador hablaba con su pueblo, dejaría de correr la sangre y podrían salir bien librados de aquel trance.

El padre Olmedo y el capitán se presentaron con el emperador y le hablaron con amabilidad y «palabras muy amorosas» —escribió tiempo después Bernal—. Pero Moctezuma volvió a rechazarlos con frases llenas de ira que fueron mucho más duras de las que le había dicho a Marina.

—Yo tengo por cierto que no haré cosa alguna para que cese la guerra, porque ya tienen alzado a otro señor y se ha propuesto no dejarlos salir de aquí con vida, y así creo que todos ustedes van a morir.

Cuando Cortés y el resto de sus capitanes escucharon la respuesta del emperador, el que no tuvo más paciencia fue Pedro de Alvarado; cuchillo en mano y acompañado por doña Marina, se dirigió a los aposentos de Moctezuma y sin importarle si era o no el emperador, si su pueblo seguía respetándolo o no, sin ninguna consideración, le puso el puñal en el cuello y le dijo que lo sacarían para que le hablara a su pueblo o lo mataría en ese instante.

Varios soldados españoles improvisaron escudos para proteger a Moctezuma, que apareció desde lo alto de una de las azoteas del palacio de su padre ante miles de guerreros que gritaban y seguían lanzando piedras y flechas. El emperador era solo una sombra del gran tlatoani que había sido; se veía demacrado, la mirada triste, la humillación a flor de piel. Algunos capitanes mexicas lo reconocieron de inmediato y ordenaron cesar el ataque. El silencio llenó las calles, la plaza mayor, el palacio.

Moctezuma pidió que terminara la guerra, que estaba ahí por voluntad y que podría regresar en cualquier momento a las casas reales. Les dijo que los españoles se irían de la ciudad para no volver. Pero la respuesta de varios capitanes aztecas fue contundente:

—Oh, nuestro gran señor, cómo nos pesa todo el mal y daño que ha sufrido, pero ya hemos elegido a un pariente suyo como nuestro nuevo señor. —Se referían a Cuitláhuac—. Y hemos prometido a Huitzilopochtli y a Tezcatlipoca no dejar la guerra hasta que no quede con vida uno solo de nuestros enemigos.

No habían terminado de responderle a Moctezuma, cuando los guerreros mexicas reiniciaron el ataque y una de las miles de piedras que lanzaron sobre los españoles le pegó al emperador en la cabeza y dos más en el cuerpo. Los soldados respondieron de inmediato el ataque en tanto Moctezuma fue llevado a sus aposentos gravemente herido.

El emperador no quiso recibir curación alguna, no tenía ánimo de seguir viviendo. Tampoco aceptó ser bautizado como se lo pidió Cortés, prefería morir en su fe y cobijado por sus dioses. Antes de fallecer, habló a solas con el capitán general, le encargó que cuidara a sus hijas, que las alejara de los peligros que acechaban y las mantuviera a salvo. Cortés se acercó al emperador y, casi susurrándole al oído, le dijo que así lo haría. Minutos después expiró.

Cuenta Bernal que Cortés, doña Marina, los capitanes y soldados españoles lo lloraron como si hubiera muerto un padre. Había sido un hombre bueno y un gran gobernante. Durante los meses que convivió con ellos, aunque cautivo, siempre fue generoso y amable. Sin duda, Cortés lo había utilizado; sin embargo, llegó a sentir afecto sincero por el emperador de los mexicas.

Con el tiempo, surgieron otras versiones acerca de la muerte de Moctezuma. Desde el siglo XVI, los enemigos de Cortés señalaron que fue el propio capitán general quien apuñaló al emperador en el corazón cuando se percató de que ya no le era útil.

Nunca se develará el misterio. La única persona que estuvo presente cuando murió el emperador y dejó su testimonio por escrito, además del propio Cortés, fue Bernal Díaz del Castillo y él asegura que fue una pedrada la que llevó a Moctezuma a la tumba.

Así terminó la extraña relación entre un español y un mexicano, cuyos universos se habían encontrado el 8 de noviembre de 1519 y, sin saberlo, habían cambiado la historia del mundo para siempre.

CAPÍTULO 7

MÁS SABE EL DIABLO POR VIEJO...

Con el colmillo retorcido

Si algo sabía Cortés, si algo le habían dejado sus años en el Nuevo Mundo, en las campañas de conquista, en el gobierno de las colonias y en su cercanía con el poder, había llegado el momento de ponerlo en práctica. Hernán Cortés era un atento observador de la naturaleza humana y aprendió a leer las ambiciones, las dudas, el ánimo y las preocupaciones de sus hombres.

Nadie podía quejarse del capitán general. Desde que la expedición zarpó de Cuba, todo había salido bien y sus hombres se habían beneficiado con una parte de los obsequios recibidos a lo largo del trayecto; incluso les correspondió algo de los magníficos presentes que Moctezuma le había enviado.

Sin embargo, algunos sintieron miedo al día siguiente de que los representantes de Moctezuma se marcharon molestos por el aviso de Cortés de que irían a México. No era para menos; si bien, los días anteriores los españoles fueron agasajados por los indígenas, —que no dejaron de llevar agua, alimentos, herramientas y bastimentos para su estancia en tierra firme—, una vez que los embajadores se marcharon no volvieron a saber de ellos. Eran días de incertidumbre.

Parecía que a los indígenas se los hubiera tragado la tierra; incluso el campamento que estableció Teutile unas semanas atrás para mantener vigilados los movimientos de los españoles fue abandonado de la noche a la mañana. No había nadie en varios kilómetros a la redonda, como si nunca hubiera existido pueblo alguno en esa región.

Diego de Ordaz hizo eco de las voces inconformes y le transmitió a Cortés que varios de sus hombres se encontraban a disgusto; pensaban que los llevaría al desastre, pues era una locura emprender una campaña siendo tan pocos en número frente a estas poblaciones que contaban con miles de guerreros y conocían el terreno que pisaban, el clima y las condiciones naturales.

Y, si como decían los caciques, México era un imperio, sería imposible repetir la victoria de Centla. Jamás podrían enfrentar con éxito al ejército que tenía sometido a todos esos pueblos. Además, las provisiones con las que partieron de Cuba, incluyendo la pólvora, serían insuficientes para avanzar sobre Tenochtitlán. Lo mejor era volver a Cuba, llevar noticias de lo visto y escuchado, y, con la venia de Diego Velázquez, organizar una cuarta expedición definitiva para colonizar y fundar en aquellas regiones.

Pero Cortés siempre iba un paso adelante. Antes de escuchar a Ordaz, ya sabía del descontento existente entre algunos; los había observado detenidamente en cada momento. Entonces, se reunió con sus capitanes de confianza, hizo amarres y negociaciones, supo que contaba con el apoyo de la mayoría —sin duda con los mejores— y actuó en consecuencia.

Cortés dejó hablar a los inconformes que acompañaron a Diego de Ordaz. Dijo estar desconcertado porque no imaginaba su molestia, pero les dio la razón siempre con argumentos condescendientes y respondió que jamás los pondría en riesgo: desde luego era preferible regresar a Cuba que marchar hacia México si no estaban convencidos de hacerlo, pues no podía entregar su confianza a hombres que tenían dudas y temores sobre el éxito de la expedición, porque en ello les iba la vida a todos.

Sus palabras eran solo el prólogo de la gran puesta en escena que montó. Una vez que escuchó las quejas y la inconformidad del grupo encabezado por Ordaz, Cortés dio la orden de comenzar a levantar el campamento y cargar las naves para zarpar a Cuba a la mañana siguiente.

La noticia se esparció con rapidez en el campamento. Entonces fue cuando sus capitanes entraron en acción: azuzaron a sus hombres para oponerse a la decisión de Cortés —lo cual ya estaba acordado—; los soldados se reunieron molestos, gritando consignas y vociferado, se sentían defraudados por todo lo que se les había prometido y marcharon a ver a Cortés para exigirle permanecer en esas tierras e ir a México.

Los soldados consideraban un despropósito su decisión, más aún porque la tomó sin consultar con sus capitanes. Era humillante retirarse así, de ese modo, cuando ni siquiera habían encontrado dificultades serias para considerarlo. Le recordaron que Diego Velázquez había humillado a Juan de Grijalva por no haber hecho fundación alguna en su expedición; seguramente los recibiría del mismo modo.

Todos le expresaron su apoyo; estaban dispuestos a jugársela, a seguir. Y si ordenaba lo contrario, tendría que enfrentar un motín. Le propusieron que, en todo caso, enviara de vuelta a Cuba a los inconformes, pero que siguiera adelante con el resto.

Cortés sonrió con malicia para sus adentros. Permitió que se caldearan los ánimos, que todos los españoles —los que estaban a favor y en contra— se enteraran, discutieran, alzaran la voz. Para alentar las sospechas entre todos, nunca mencionó los nombres de los inconformes, así que, cuando terminaron por exigirle que se pronunciara a favor de permanecer en Veracruz, se tomó unos minutos, pidió silencio y expresó que estaba mal informado, que llegó a pensar que el sentir de los inconformes era el de la mayoría, pero que aquella protesta le había abierto los ojos. Con hombres de esa valía, dispuestos a arriesgar todo, y con la convicción de que hacían lo correcto, no necesitaba más para seguir adelante. Lo harían en nombre de Dios, de la Virgen María y de su rey.

La ovación estalló; los aplausos y los vítores resonaban en la costa. Muchos lanzaron sus sombreros al aire, otros se abrazaban, algunos más brindaban. Cortés llamó al orden —venía la estocada final— y pidió que le permitieran hablar un momento más. Agradeció la confianza y les expresó que, como respetaba la decisión de todos, pondría una de las naves a disposición de quienes quisieran volver a casa.

La respuesta fue la que Cortés esperaba. Era tanto el frenesí y la algarabía de sus hombres que la presión sobre los inconformes los obligó a callar y no pocos se convencieron de que era mejor quedarse. Nadie intentó regresar en ese momento ni mostraron sus intenciones ni le pidieron a Cortés hacer efectiva la promesa de poner a disposición de quienes quisieran una de las naves. Todos guardaron silencio. Sin embargo, ninguno bajó la guardia, solo decidieron esperar.

La alegría en el campamento español era absoluta. Cortés y sus capitanes —Alvarado, Portocarrero, Montejo— brindaron por la suerte de la expedición ante la mirada atónita de Marina, que presenció todo y, con ayuda de Jerónimo de Aguilar, no perdió detalle de la forma como Cortés había manipulado a sus hombres.

Y como no había tiempo que perder y debía aprovechar la exaltación y el apoyo recibido la noche anterior, Cortés consideró que era el momento para desafiar de manera definitiva la autoridad de su compadre Diego Velázquez. Aunque debía hacerlo con fundamentos legales, de otro modo podría terminar colgado o en una mazmorra si la suerte le daba la espalda. Debía poner la ley ante todo, la ley como base, la ley como escudo; si actuaba conforme a ella, Cortés daría un paso fundamental: le otorgaría legalidad a cualquier descubrimiento o futura fundación; si no, la corona sancionaría cualquiera de sus actos.

Como no quería más protestas, ni que los hombres leales a Diego Velázquez pusieran el grito en el cielo, Cortés se acercó nuevamente a su gente de confianza para notificarles que debían hacer la primera fundación ahí, en ese lugar, en esas barracas improvisadas que sirvieron de asentamiento en las últimas semanas.

Sus capitanes movilizaron a su gente —el primer acarreo de la historia— y convocaron a todos para que eligieran a las autoridades del que debía ser el primer ayuntamiento de México. Por azares de la fortuna seguramente, los cargos del cabildo quedaron en manos de sus incondicionales. Francisco de Montejo y Hernández Portocarrero fueron elegidos alcaldes; Alonso Dávila, Pedro de Alvarado, su hermano Alonso y Gonzalo de Sandoval protestaron como regidores; Juan de Escalante, alguacil mayor, y Francisco Álvarez Chico, procurador general. Los nuevos funcionarios hicieron el juramento de guardar razón y justicia al mayor servicio de Dios y del rey; enseguida comenzaron sus funciones estableciendo que la nueva población se llamaría Villa Rica de la Vera Cruz, en memoria del oro que encontraron en aquellas tierras y por haber desembarcado en Viernes Santo o Viernes de la Cruz.

En otra muestra suprema de histrionismo, una vez reunido el cabildo, Cortés acudió ante su presencia como un ciudadano más, para presentar su renuncia al cargo que le había otorgado Diego Velázquez. Nadie se la pidió y nadie dudaba de su autoridad, pero expresó que, si bien lo había nombrado el gobernador de Cuba, el mismo Velázquez también había querido revocar su nombramiento.

Por lo tanto, no podía seguir al frente del ejército, porque la nueva autoridad representada por el cabildo de la Villa Rica de la Vera Cruz necesitaba un jefe que estuviera investido de legitimidad. Y con toda humildad expresó que entre sus hombres había capitanes muy valientes que podrían hacerse cargo de la expedición y él respetaría cualquier decisión que tomaran, pues «si en la guerra se aprende el mandar obedeciendo, también hay casos en que haber mandado enseña a obedecer». Dicho esto, Cortés arrojó su nombramiento sobre la mesa, agradeció el tiempo otorgado y se retiró a su barraca con la tranquilidad y satisfacción del deber cumplido.

El cabildo se tomó su tiempo para elegir al nuevo jefe de la expedición en tierras continentales, aunque seguramente se la pasaron bromeando y hablando de la vida y sus secretos para que pareciera que se lo tomaban en serio. Luego de un rato, consumaron la elección: sorprendentemente, el elegido fue Hernán Cortés.

Las autoridades terminaron la reunión; los alcaldes y los regidores salieron de la barraca donde sesionaban y, acompañados por un numeroso grupo de soldados que lanzaban vivas a Cortés, se dirigieron al lugar donde se encontraba muy quitado de la pena, tomando la sombra en compañía de doña Marina y de Jerónimo de Aguilar.

Ahí le notificaron que la Villa Rica de la Veracruz, «en el nombre del rey don Carlos, con sabiduría y aprobación de sus vecinos en consejo abierto, lo había elegido y nombrado por gobernador del ejército de la Nueva España y en caso necesario le requería y ordenaba que se encargase de esta ocupación, por ser así conveniente al bien público de la villa y al mayor servicio de su majestad».

Cortés hizo una discreta expresión de sorpresa y agradeció la confianza y el gesto del cabildo y de sus hombres. Ahora sí tenía el camino libre, podía prescindir de las instrucciones del gobernador de Cuba y actuar de acuerdo con su real gana.

Las formas, la elección, el procedimiento poco importaban; Cortés había movido sus fichas para tener una estructura legal sobre la cual descansaría la conquista. Ya no dependía de nadie, la suerte seguía de su lado y ahora representaba a la máxima autoridad en esas tierras.

El complot

Bernal Díaz del Castillo estaba convencido de que la Providencia los acompañaba y de que seguramente Cortés era favorito de la corte celestial. Al menos hasta ese momento, mediados de mayo de 1519, los vientos continuaban soplando a su favor y todo se desarrollaba mejor que si lo hubieran planeado. Si Hernández de Córdoba o Grijalva hubieran tenido una pizca de la suerte que consentía a Cortés, otro gallo les habría cantado. Bernal no podía sentirse más afortunado, sobre todo después de los amargos momentos que padeció en las expediciones anteriores.

En eso pensaba Bernal, mientras iba y venía por la playa, cerca de las barracas donde se encontraba el resto de sus compañeros. Le tocó la guardia y hacía su recorrido con calma y atento. Lo más agobiante hasta ese momento era el terrible calor de mayo que hacía estragos entre los españoles.

Cortés estaba consciente de que el clima podría hacerles más daño que los indígenas de esa región, además de que la inconformidad entre sus hombres podría aumentar. Por eso envió a varios de sus capitanes, entre ellos a Francisco de Montejo, a buscar un lugar más propicio para establecerse, pues si bien, el ayuntamiento ya estaba fundado, el lugar era el menos propicio para desarrollar un asentamiento en toda forma.

Sus hombres regresaron con la buena nueva de haber encontrado una fortaleza que contaba con varias construcciones y el lugar también ofrecía buenas condiciones para atracar las naves y mantenerlas a buen resguardo de las inclemencias del tiempo. El lugar se llamaba Quiauiztlán.

Mientras se preparaban para marchar hacia el pueblo recién hallado, Bernal se presentó ante Cortés con un grupo de indígenas que llegaron al campamento español. Se topó con ellos mientras realizaba su guardia y, aunque fue cauteloso, se percató de que venían en actitud amistosa por los gestos y ademanes que hacían, pero llamó su atención su forma de vestir: era diferente de la vestimenta que usaban los enviados de Moctezuma.

A través de Marina supieron que eran totonacas y venían en nombre del cacique de un lugar llamado Cempoala. Invitaban a Cortés y a sus hombres a visitar su ciudad; ahí encontrarían alimentos, agua y lo necesario para reabastecerse. Marina les hizo varias preguntas, conversó con ellos intentando descubrir si era una trampa y después de un rato le dijo a Cortés que podía confiar: el cacique tenía interés en hablar con él sobre Moctezuma.

Los españoles aceptaron la invitación, aunque Marina les dijo que lo harían días después. Los indígenas se retiraron satisfechos por la respuesta. Cortés y sus hombres terminaron de levantar el campamento y marcharon a Quiauiztlán, donde fundaron formalmente la primera Veracruz. Tiempo después la refundarían en otro sitio, por eso aquel paraje sería conocido como La Antigua, para diferenciarla de la Nueva Veracruz.

En Cempoala, los españoles fueron recibidos como reyes, como libertadores —en eso se convertirían con el paso de los días—. Pensaron que encontrarían una villa más, alguna población como las que hasta entonces habían conocido, un asentamiento sencillo, austero, con algunos templos, pero se llevaron una sorpresa: Cempoala era una verdadera ciudad.

Varios españoles creyeron que los templos eran de plata porque a lo lejos brillaban, pero al llegar a la ciudad se decepcionaron: en realidad estaban recubiertos con cal; a Díaz del Castillo eso le pareció gracioso. Cempoala contaba con calles bien trazadas, jardines y huertos, zonas habitacionales. Era señorío de los totonacas, otra de las naciones indígenas tributaria de los mexicas.

El cacique era gordo y pesado, recordaría años después Bernal, pero su carácter era afable y se mostró verdaderamente complacido de tenerlos como huéspedes. Luego de agasajarlos con alimentos y obsequios de oro y plata, pidió hablar a solas con Cortés. Ayudado por Marina y Jerónimo de Aguilar, le explicó cuál era la situación de su pueblo frente al imperio mexica. Su rostro cambiaba de expresión mientras exponía la situación; de la tristeza a la angustia, de la angustia al temor, del temor a la pesadumbre.

La charla con el cacique gordo de Cempoala fue reveladora para Cortés. Tenía claro que Moctezuma era un emperador cuyos dominios se extendían hasta esa región. No obstante, frente a sus ojos se develó la realidad, había encontrado la pieza que hacía falta para comprender el contexto: había pueblos sometidos, vejados y obligados a dar tributos que estaban hartos del pueblo del sol y solo esperaban una oportunidad para levantarse contra el poder de Moctezuma. Nadie le había hablado de ese malestar, pero entonces el cacique lo hizo desde la frustración y la impotencia.

Cortés no perdió la oportunidad de sacar partido y ganarse a Cempoala. Durante esos días, se presentaron los recaudadores de Tenochtitlán, cuya presencia siempre era inquietante. Estaban furiosos porque Cempoala no había entregado el tributo que le correspondía. Era tan grande su soberbia, que le hicieron un airado reclamo al cacique gordo delante de Cortés sin dirigirle la palabra al español; lo ignoraron, al fin que el problema era con los totonacas.

Cortés se retiró del palacio. Luego, a través de Marina, le mandó decir al señor de Cempoala que no dejara ir a los hombres de Moctezuma, que los aprehendiera sin temor, ya que los españoles estaban de su lado y en adelante saldrían en su defensa.

Pero de la misma forma como hizo con sus hombres, Cortés aprovechó la situación para manipular a totonacas y mexicas y quedar bien con ambos. Al caer la noche, liberó a dos de los recaudadores aztecas y les hizo saber que no tuvo participación en su captura; les pidió que volvieran a México y le dijeran a su emperador que él y sus hombres querían ser amigos de su pueblo e irían a verlo.

A la mañana siguiente, Cortés se mostró sorprendido y molesto con el cacique de Cempoala por haber descuidado la vigilancia de los prisioneros y no haber impedido la fuga de dos de ellos. Para evitar otro escape, le dijo que se llevaría a los demás prisioneros y los tendría detenidos en una de sus embarcaciones. El cacique aceptó y Cortés le ordenó a Bernal que los llevara a Quiauiztlán, pero una vez alejados de la ciudad totonaca, los liberó por instrucciones de Cortés y les pidió que le dijeran a Moctezuma que eran amigos.

El cacique de Cempoala y su gente estaban felices con la presencia de los españoles. El único momento de tensión que vivieron fue cuando Cortés subió al templo y arrojó sus ídolos desde lo alto. Bernal contó que estos ídolos tenían la forma de dragones, eran grandes como becerros, mitad cuerpo de hombre y mitad de animal. En su lugar, los españoles colocaron un altar con la imagen de la Virgen María y celebraron una misa. Marina intentó explicarles lo que significaban aquellos extraños símbolos de la religión de los españoles.

El cacique se molestó, ni siquiera puso atención a lo dicho por Marina. Pudo estallar en cólera y ordenar un ataque sobre los españoles por el atrevimiento de faltarles el respeto a sus dioses, pero era un hombre pragmático y seguramente pensó que primero en la tierra que en el cielo.

Si rompía lanzas tendría dos enemigos, los mexicas —de quienes esperaba una respuesta severa, luego de la aprehensión de los recaudadores— y los españoles. En cambio, si se aliaba con Cortés y su gente, liberaría a su pueblo del yugo de Moctezuma. No tuvo que pensar mucho: el cacique aceptó los métodos españoles y selló la alianza con Cortés. El capitán general le expresó que nunca más pagarían tributo a los mexicas y que a partir de ese momento eran un pueblo libre.

Luego de varias semanas en Cempoala, Cortés y sus hombres regresaron a Veracruz y un acontecimiento inesperado apresuró el inicio de la marcha hacia México. A principios de julio, llegó una nave procedente de Cuba con la noticia de que el rey de España había autorizado que Diego Velázquez conquistara y poblara todas las tierras en las que se encontraban Cortés y sus hombres. Las nuevas eran devastadoras.

Desde luego, su compadre no podría levantar otra expedición tan rápidamente, pero en los hechos, Cortés sabía que estaba fuera de la ley por donde se le viera. Ya no solo era un rebelde a la autoridad del gobernador de Cuba, sino que además estaba usurpando las funciones que la corona le había otorgado a Velázquez. Parecía que por primera vez el destino le hacía una mala jugada, pero una de sus cualidades, cultivada con el paso de los años, era la paciencia.

Cortés no tomó ninguna resolución precipitada, pero debía actuar con rapidez para evitar que sus propios hombres cuestionaran su autoridad y se pusieran en su contra. En los siguientes días, consultó con sus incondicionales y hasta confidentes: Pedro de Alvarado, Gonzalo de Sandoval, Portocarrero e incluso con Bernal.

Concluyó que la mejor, y quizá única, oportunidad para salir bien librado sería escribirle una carta al rey Carlos V donde le explicara paso a paso lo que había logrado en esas tierras, cómo lo había enfrentado y cómo lo iba solucionando; sobre todo, le haría llegar un cargamento de obsequios que lo dejaría boquiabierto, algo que nunca en su vida de monarca hubiera podido imaginar.

Durante una semana Cortés se encerró en la casa que le acondicionaron en Quiauiztlán —cuyos vestigios aún son visibles—; ahí escribió largamente al rey. Cuando terminó, le pidió al cabildo que a la brevedad nombrara dos procuradores para enviarlos a España con la carta y con todos los obsequios que reunió para Carlos V y que representaban mucho más que el quinto real —parte que por ley le correspondía siempre al monarca—.

El cabildo escogió para la comisión a dos hombres en quien Cortés confiaba absolutamente: Francisco de Montejo y Alonso Hernández Portocarrero. Para que no hubiera posibilidad de errores, puso a su disposición la nave capitana, bien abastecida y piloteada por Antón de Alaminos. Portocarrero era el más fiel de los hombres de Cortés y siempre obedeció a su capitán sin poner en duda sus decisiones ni su autoridad, como ocurrió con Malintzin.

Cortés quería que Marina no solo fuera su traductora y su secretaria, sino también su mujer. No le prestó atención en Tabasco y se la entregó a Portocarrero, pero en cuanto supo de su inteligencia y su conocimiento de la lengua de Moctezuma, la vio con discreta admiración, quizá hasta extrañeza, pero también con deseo, por lo que le pidió a su amigo que se la entregara. A partir de ese momento, Marina se convirtió en su compañera; con ella compartía el lecho, los días y las noches, sus preocupaciones, la vida misma. Nadie lo sabía, pero Malintzin estaba llamada a ser la mujer de la conquista.

El capitán general quiso compensar a Portocarrero, y en Cempoala le demostró una vez más su afecto. Para celebrar la alianza con los españoles, el cacique gordo le regaló ocho mujeres de la nobleza totonaca, entre ellas su sobrina, que era fea como pegarle a Dios, según cuenta Bernal, pero que Cortés recibió con la mejor cara y fue bautizada con el nombre de Catalina. Otra de las mujeres, a la que llamaron Francisca y que era «muy hermosa para ser india», según el cronista, se la entregó a Portocarrero para compensar la ausencia de Marina. Nunca más se volvieron a ver; si bien, el viaje a España fue un éxito, las intrigas palaciegas de los enemigos de Cortés llevaron al encierro a Portocarrero y murió en prisión unos años después.

Poco antes de que la nave de los procuradores partiera a España, Cortés descubrió una conjura en su contra. Varios hombres planeaban tomar una de las naves de la expedición para regresar a Cuba e informar a Diego Velázquez lo ocurrido, también para advertirle que Cortés enviaría una embarcación con un importante cargamento para el rey, que podría ser interceptada si el gobernador de Cuba mandaba varias naves en su persecución.

Pero el plan fracasó. Los involucrados confesaron y Cortés aprovechó las circunstancias para demostrar que no aceptaría ninguna insubordinación. Pedro Escudero y Diego Cermeño estrenaron la horca que se levantó en la playa. Ya entrados en gastos, a Gonzalo de Umbría le cortaron los pies por andar dando pasos en falso. Otros dos hombres que también participaron fueron perdonados, aunque no se salvaron de 200 azotes, nomás para recordarles que la deslealtad tenía su precio.

El complot descubierto puso en alerta a Cortés. Si bien, tenía la certeza de contar con el apoyo de la mayoría de los españoles que lo acompañaban —capitanes, soldados y tripulación—, era un hecho que seguía habiendo inconformes, y era posible que intentaran un nuevo golpe en su contra. Por más arrojo, por más valor, por más convicción que tuvieran todos los hombres de Cortés, en su fuero interno sabían que aventurarse hasta México era casi un suicidio. Poco más de 500 hombres resultaban insuficientes para someter al imperio más poderoso de aquellas tierras.

Pero «a grandes males, grandes remedios», pensó Cortés. Tomó una decisión que parecía surgida en un arrebato de locura: les quitó a sus hombres la posibilidad de echarse para atrás y de regresar a Cuba, y ató el destino de todos a la misma suerte. En el más absoluto sigilo, y apoyado por algunos de sus capitanes, ordenó hundir sus naves, y aunque con el tiempo fue acuñada la expresión «quemar las naves», lo cierto es que Cortés nunca les prendió fuego.

El historiador indígena Fernando de Alva Ixtlixóchitl escribió:

[Cortés] comenzó a dar orden de la ida que quería hacer a México, pues no servía de nada todo lo hecho si no se veía con Moctezuma y lo rendía [...]; muchos rehusaban esta entrada porque les parecía temeridad, más que esfuerzo, ir quinientos hombres entre millones de enemigos[...]. Siendo todos los más contrarios a la opinión de Cortés, este hizo una de las mayores hazañas que jamás se ha visto en el mundo y fue sobornar con dineros y grandes promesas a ciertos marineros para que barrenasen por debajo los navíos, para que se fuesen a fondo [...], no dejando más que uno; y en la plaza hizo juntar a todos los que vio andaban disgustados y tristes, y concluyó con decirles que ya no había remedio para volverse, pues los navíos estaban quebrados, y que ninguno sería tan cobarde ni tan pusilánime, que querría estimar su vida más que la suya, ni tan débil de corazón que dudase de ir con él a México.

Inconformes o no, ya no había forma de rajarse, así que Cortés emprendió la marcha hacia Tenochtitlán. Dejó una guarnición de 150 hombres en Veracruz, no porque fuera un bastión invaluable, sino ante la posibilidad de que pudieran llegar fuerzas de Cuba para aprehenderlo. Lo acompañaron 300 hombres, entre los que iban sus principales capitanes, Alvarado, Olid, Sandoval y Diego de Ordaz, a quien Cortés se había ganado para su causa —llegó a ser uno de sus hombres de mayor confianza— a pesar de haber sido cercano a Diego de Velázquez.

Antes de tomar camino definitivo hacia México, Cortés pasó por Cempoala y su amigo el cacique gordo le ofreció guerreros, cargadores y bastimentos. Además, le recomendó que marcharan en dirección al señorío de Tlaxcala cruzando entre el Cofre de Perote y el Pico de Orizaba. Por esa ruta encontrarían pueblos tributarios de Moctezuma que tenían la orden de ayudar a los españoles; llegarían a los dominios tlaxcaltecas, donde se encontraban los más acérrimos enemigos de los mexicas. Comenzó así la marcha rumbo a Tenochtitlán, a mediados de agosto de 1519.

Vale más morir por buenos

Las condiciones climáticas habían cambiado. Ninguno de los hombres de Cortés ni sus aliados indígenas estaban preparados para el frío, así que improvisaron: tomaron las mantas que cargaban, se cubrieron con lo que tenían a la mano, bebieron vino e intentaron apresurar el paso. Nadie les advirtió que después de Xalapa, al ascender entre Cofre de Perote y el Pico de Orizaba, el clima tropical de la costa sería un bello recuerdo.

El vaho de los caballos se apreciaba a varios metros de distancia. Los soldados tiritaban. Algunos indígenas cayeron muertos y tuvieron que dejarlos en el camino, que se hacía más pesado por la pertinaz lluvia que caía sobre sus hombros y creaba un lodazal casi intransitable. Marina iba en las ancas del caballo de Cortés bien guarecida; era la única persona de la expedición a la que debían proteger bajo cualquier circunstancia. Luego de un par de jornadas de resistencia, comenzó el descenso. Cortés y el resto de la expedición respiraron con alivio.

El frío fue el mayor inconveniente que enfrentaron los españoles antes de llegar a Tlaxcala. En el camino encontraron pueblos tributarios de los mexicas y fue en esos días cuando escucharon la primera gran descripción de México. Nadie hasta ese momento había prestado atención a la ciudad imperial, todo giraba en torno a Moctezuma, al gran señor, al huey tlatoani, señor entre señores, pero cuando Marina escuchó y le tradujo a Aguilar la descripción que hizo el cacique Olintetl de la ciudad mexica, el asombro de todos fue mayúsculo.

—México es una gran fortaleza —repetía Aguilar, sin perder detalle de lo que decía Marina—. Las casas y los templos están sobre el agua, de una calle a otra no puede cruzarse más que con puentes que han construido o con canoas; las casas todas tienen azoteas y cada una puede convertirse en una fortaleza si se arman mamparos. Solo hay tres calzadas para entrar a la ciudad. Cada una tiene cuatro o cinco divisiones por donde pasa el agua. Cada una tiene sus puentes y con alzar cualquiera de ellos es imposible entrar o salir de México.

La descripción de la capital de los mexicas dejó fascinados a los españoles. Habían escuchado algo acerca de Venecia, otra ciudad construida sobre las aguas, pero ninguno de los hombres de Cortés, ni siquiera él mismo, la conocían, así que españoles e indígenas, incluyendo a Marina, imaginaron la ciudad mexica como un lugar fantástico, nada como lo visto hasta entonces en el Viejo Mundo.

Ninguno sabía lo que encontraría al llegar a México. Las únicas certezas que por lo pronto tenían eran que Moctezuma era el amo y señor de todas esas tierras por donde transitaban desde el mes de abril, que todos los pueblos respetaban profundamente a los mexicas porque eran grandes guerreros y que no pocos pueblos estaban hastiados de la opresión.

A cada paso que daban crecía tanto la expectación por llegar a México como los riesgos. Tres semanas después de haber dejado Cempoala, los españoles llegaron a las fronteras tlaxcaltecas delimitadas por una gran cerca, alta y muy ancha, cuya construcción no solo servía para marcar el territorio, sino también para infundir miedo; era impresionante, lo suficiente para pensarlo dos veces antes de intentar cruzarla. Pero bajo el sabio principio de «voy derecho, no me quito», los españoles ingresaron en los dominios de Tlaxcala.

Cortés no quiso dar paso sin huarache —literalmente—, por lo que envió cuatro mensajeros totonacas ante los señores tlaxcaltecas. Ellos informaron que iban en son de paz, aunque no detuvo su marcha; sus tropas continuaron avanzando pero con mayor precaución.

La presencia de los españoles ya no era noticia. Al igual que Moctezuma y los señores de Tenochtitlán, los gobernantes de los cuatro señoríos de Tlaxcala sabían que tarde o temprano arribarían a sus dominios. Pero desde los primeros informes, los señores tlaxcaltecas discutieron en el senado la posición que asumirían frente a los españoles. Las opiniones se dividieron. Un grupo encabezado por Maxixcatzin, señor de Ocotelulco que representaba a los mercaderes con su poder económico, se pronunció por la paz; en su señorío se encontraba el mercado más importante de Tlaxcala y la paz garantizaba los intereses económicos.

Por su lado, Xicoténcatl el Joven tenía en su sangre la herencia del guerrero: a mediados del siglo xv, su padre había participado en la guerra que culminó con la destrucción del poderío de los señores de Azcapotzalco; luego, siendo gobernante, logró la paz con Texcoco al pactar las guerras floridas con Netzahualcóyotl. Cuando llegaron los españoles, aún vivía y su influencia en las decisiones de todos los señoríos tlaxcaltecas era definitiva, incluso en las de su hijo.

Xicoténcatl el Joven nació en 1484 —un año antes que Cortés— y había crecido en un ambiente de guerra ante el acoso constante de los aztecas. Estaba orgulloso de su linaje y se formó inspirado en la historia de un guerrero otomí de Tlaxcala llamado Tlahuicole, a quien los mexicas hicieron prisionero y luego sacrificaron en el Templo Mayor de Tenochtitlán en 1507. En su opinión, debían hacerles la guerra a los españoles del mismo modo como enfrentaban a los mexicas. Tlaxcala debía ser independiente.

El destino quiso que Cortés y sus hombres ingresaran a los dominios tlaxcaltecas en la región donde Xicoténcatl era el amo y señor, así que a las primeras de cambio este se lanzó con furia contra los españoles. Aproximadamente 5000 indígenas otomíes y tlaxcaltecas detuvieron el avance de Cortés, pero al parecer solo querían medir fuerzas, porque se retiraron pronto.

Unas horas después volvieron dos de los cuatro totonacas que había enviado Cortés, acompañados por representantes del senado tlaxcalteca, quienes culparon a otras tribus del ataque, sobre todo a los otomíes que eran indisciplinados y belicosos en todo momento.

Le dijeron a Cortés que estaban en la mejor disposición de ser amigos de los españoles.

Pero a la mañana siguiente, cualquier gesto de buena voluntad se esfumó. Un ejército de 50 000 indígenas formado por tlaxcaltecas y otomíes, comandado por Xicoténcatl, se presentó frente a los españoles. El joven guerrero hizo caso omiso de las intenciones del senado de hacer la paz; quería demostrar a los otros señores de Tlaxcala que los españoles eran hombres de carne y hueso, y que las bestias que usaban para la guerra eran mortales.

Los guerreros arremetieron con furia sobre los españoles, pero curiosamente sus movimientos estaban encaminados a matar a un caballo. En medio de la batalla, entre varios indígenas lograron derribar al jinete Pedro Morón y a su yegua le cortaron el pescuezo de una sola tajada. Otro grupo de indígenas retiró el cuerpo de la bestia con rapidez y Xicoténcatl presentó la cabeza ensangrentada ante el senado para demostrar que podían matar a los españoles y a sus bestias.

Al caer la noche de ese día, Xicoténcatl le envió a Cortés cuatro mujeres. Los enviados le dijeron:

—Este es un presente de nuestro capitán Xicoténcatl, las traemos vivas para que las sacrifiquen y puedan comer sus carnes y sus corazones. No las quisimos sacrificar nosotros porque no sabemos cómo acostumbran hacerlo para ustedes que son dioses.

Los españoles se horrorizaron al escuchar la traducción de Marina. Se quedaron atónitos. Cortés respondió que no eran dioses, sino hombres de carne y hueso.

En los siguientes días continuaron los enfrentamientos. Los españoles, incluyendo sus aliados indígenas, alcanzaban a ser 1000, insuficientes para detener a las decenas de miles de guerreros tlaxcaltecas. Y, sin embargo, los 300 españoles lograban mantenerlos a raya usando todas sus armas: ballestas, arcabuces y artillería, hasta quemar el último cartucho. Curiosamente, cada vez que terminaba una batalla, no pasaba mucho tiempo antes de que se presentaran enviados del senado tlaxcalteca ofreciendo la paz y deslindándose de los indígenas que los combatían.

La situación no dejaba de ser desconcertante. En una ocasión Cortés recibió a 50 enviados de Tlaxcala con alimentos, pero al percatarse de que eran espías los regresó por donde venían, aunque sin manos. Lo cierto es que los señores de Tlaxcala desarrollaban un doble juego.

Dejaron a Xicoténcatl hacer y deshacer; si derrotaba a los españoles, Tlaxcala se levantaría con la gloria y su fama se conocería en todos los rincones de esas tierras, incluso frente a Tenochtitlán. Pero si Xicoténcatl era derrotado, los señores de Tlaxcala lo culparían a él, a sus hombres y a los otomíes de haber actuado por cuenta propia y sellarían la paz.

Los combates fueron feroces. Xicoténcatl intentó todo; incluso, creyendo que el sol favorecía a los españoles, los atacó de noche, pero también fue repelido. Las tropas de Cortés resistieron los embates tlaxcaltecas una y otra vez; al terminar cada jornada curaban sus heridas, descansaban lo poco que podían y se preparaban para el siguiente día.

Ningún otro enfrentamiento le costó tanto a Cortés; perdió 55 españoles y varios cientos de indígenas. Algunos le pidieron regresar a Veracruz, porque vieron que su aniquilamiento era inminente. Cortés se negó, les dijo que valía más morir por buenos que vivir deshonrados.

La resistencia de los españoles fue su mejor arma; al cabo de varios días, Xicoténcatl reconoció ante el senado de Tlaxcala que no podía derrotar a los españoles. Así que los otros señores lo enviaron a negociar la paz con Cortés, ahora sí cierta y definitiva.

El 18 de septiembre de 1519, Hernán Cortés y sus tropas entraron a una de las principales ciudades de Tlaxcala, probablemente a Tizatlán, ciudad que Cortés consideró más grande y abastecida que Granada, en España. Ahí lo recibió Xicoténcatl el Viejo.

Lograda la paz, los españoles permanecieron alrededor de 20 días en los dominios tlaxcaltecas. Tuvieron tiempo de recuperarse, sanar las heridas y planear lo que vendría. En un arrebato de audacia, Diego de Ordaz le pidió permiso a Cortés para llegar a la cumbre del Popocatépetl que recibió a los españoles con bastante actividad; era buena oportunidad para conseguir azufre y fabricar más pólvora, pues se les había agotado casi por completo.

Cortés aprovechó su estancia para sostener largas conversaciones con Xicoténcatl el Viejo y los otros señores de Tlaxcala, a quienes convenció de aceptar el bautismo. Para sellar la paz y la amistad entre ellos, Xicoténcatl el Viejo le obsequió a su joven hija, una doncella a la que bautizaron con el nombre de Luisa para que la desposara. Con toda amabilidad y sumo cuidado, Cortés le comentó a Xicoténcatl que estaba casado y su mujer estaba en Cuba, y de acuerdo con su religión no podía tener más de una esposa, así que se la entregó a Pedro de Alvarado. A partir de ese momento, Luisa permaneció cerca de Marina, pues Alvarado era el segundo hombre más importante de la expedición española.

Durante esos días, Cortés entendió la enemistad de los tlaxcaltecas con Tenochtitlán. A pesar de ser un señorío de importancia, se notaba gran austeridad debido al aislamiento en que se encontraban. Los dominios tlaxcaltecas estaban rodeados por pueblos aliados de los mexicas, así que no tenían forma de hacerse de muchos alimentos —como la sal— o de productos como el algodón para confeccionar sus vestimentas, por lo que tenían que usar materiales ásperos. Los obsequios que ofrecieron a los españoles eran muy pobres, pero los 6000 guerreros tlaxcaltecas y otomíes que se sumaron a la expedición de Cortés lo valían todo.

A mediados de octubre, embajadores de Moctezuma invitaron a Cortés a que fuera a Cholula, un señorío independiente aliado de Tenochtitlán. Los señores de Tlaxcala le recomendaron a los españoles que no aceptaran porque era posible que los cholultecas prepararan una emboscada. Fuera cierto o no, los tlaxcaltecas maliciosamente lograron sembrar la duda en Cortés.

Pero el capitán general siempre hacía lo contrario de lo que le recomendaban los indígenas, era una forma de demostrarles que no temía, que no confiaba del todo en ellos y que sólo se guiaba por su buen juicio. Además, el camino más directo para continuar la marcha hacia México era a través de Cholula.

Al igual que ocurrió en Cempoala o en Tlaxcala, Cortés y sus hombres quedaron perplejos cuando divisaron Cholula; era una gran ciudad, la más grande de las que habían visto hasta entonces. Bernal la comparó con Valladolid en España; algunas crónicas señalan que podían contarse hasta 300 templos —en el México virreinal surgió la leyenda de que la ciudad tenía una iglesia por cada día del año—.

Cortés calculó que tendría cerca de 100000 habitantes que salieron a recibirlos festivamente con música y bailes, y fueron agasajados con toda generosidad. Era una ciudad próspera cuyas riquezas contrastaban con la austeridad de las poblaciones tlaxcaltecas. Resultaba evidente que Cholula contaba con la bendición de Tenochtitlán y nada faltaba.

Debido a la enemistad entre Tlaxcala y Cholula, los guerreros tlaxcaltecas no pudieron entrar a la ciudad. Cortés les pidió que acamparan a las afueras y solo entró con sus hombres. Una vez más, los indígenas le advirtieron a Cortés que tomara precauciones.

Todo transcurría en calma, pero al parecer el capital general contaba con espías indígenas que le advirtieron que las calles de la ciudad estaban llenas de trampas que no podían distinguirse y en las cuales había estacas muy afiladas como para matar a los caballos si llegaran a galopar; además, en las azoteas los cholultecas habían acumulado gran cantidad de piedras.

Marina también sospechaba: le pareció extraño que de la algarabía inicial con que habían sido recibidos los españoles, de pronto la ciudad se mostrara casi desierta y sus pobladores los miraran con indiferencia, por eso decidió mezclarse entre los cholultecas para tratar de averiguar si tramaban algo, al fin que ellos no sabían con certeza qué tipo de relación tenía con los españoles.

Una mujer cholulteca se acercó a Marina para decirle que se fuera con ella si quería salvar su vida —la señora le había echado ojo y, como era de buen ver y se notaba su linaje, le había gustado para casarla con su hijo—. Marina aceptó su ofrecimiento y le dijo que iría a buscar sus cosas.

Marina no perdió tiempo, se presentó ante Cortés y le dijo: «Señor mío, preparan un ataque contra ustedes, así me lo hizo saber una mujer que ofreció salvar mi vida. Desconozco cuándo lo harán, pero puede ser en cualquier momento». Cortés abrazó a Marina y la tranquilizó.

Ante lo evidente de las circunstancias, el capitán general decidió «prever antes de ser prevenido», o lo que es lo mismo, madrugarse a los cholultecas en vez de dejarse madrugar. Les anunció que dejarían la ciudad el 18 de octubre y pidió a los señores de Cholula que le proporcionaran 2 000 guerreros para que los ayudaran en el transporte.

La noche previa a la supuesta partida, Cortés habló con sus capitanes para preparar la emboscada. A la mañana siguiente, los guerreros cholultecas se reunieron en la plaza mayor y, al grito de «Santiago y a ellos», los españoles arremetieron contra los aliados de los mexicas al tiempo que daban la señal para que los tlaxcaltecas y cempoaltecas entraran a la ciudad a sumarse a la masacre.

Cerca de 3 000 cholultecas murieron ese día. Tiempo después, las crónicas indígenas acusaron a los tlaxcaltecas de haber azuzado a los españoles en contra de Cholula. El propio Bartolomé de las Casas escribió en su obra Brevísima relación de la destrucción de las Indias, que la matanza de Cholula fue la primera de las atrocidades cometidas en la Nueva España.

Cortés dejó con vida a los enviados de Moctezuma que presenciaron la matanza para que no hubiera dudas de que sería implacable con sus enemigos porque también corrió el rumor de que la idea de emboscar a los españoles en Cholula había surgido en Tenochtitlán.

En su momento, el emperador de los aztecas le hizo saber a Cortés que los señores de Cholula habían actuado por cuenta propia. Fuera cierto o no, el capitán general sabía que cada vez estaba más cerca y, consciente de que «al que madruga, Dios lo ayuda», marchó rumbo a la parada final de su recorrido: México-Tenochtitlán

Las tribulaciones de Moctezuma

Desde el momento en que los españoles llegaron a Veracruz en abril de 1519 hasta que decidieron iniciar su marcha hacia el valle de México a mediados de agosto, Moctezuma transitó por todos los estados de ánimo.

Convencido de que las profecías estaban por cumplirse, Moctezuma tuvo varios arrebatos. De buenas a primeras, abandonó Tenochtitlán y marchó al Cincalco, una gruta localizada en Chapultepec, considerada la puerta al inframundo, en donde había muerto Huémac, el último rey tolteca, evento que anunció el fin de Tula siglos antes.

Al parecer, Moctezuma tenía la intención de quitarse la vida, pero según cuentan las crónicas, Huémac se le apareció y le dijo que debía enfrentar su destino, por lo que el emperador regresó a Tenochtitlán.

En otro momento de angustia, Moctezuma consideró que no había nada por hacer, que los españoles llegarían a gobernar México, por lo que dejó el palacio y regresó a ocupar la morada en la que vivía antes de ser emperador. Por supuesto, el berrinche le duró solo unas horas; los dioses eran los dioses, pero la vida en palacio, con sus 1000 sirvientes, grandes comilonas y 400 mujeres, no tenía precio.

A pesar de sus dudas y temores, Moctezuma ordenó que por ningún motivo les faltaran insumos a los españoles, que les proporcionaran lo que pidieran y, dado que eran dioses, le pareció adecuado enviarles tortillas rociadas con sangre humana. Cuando las recibieron, los españoles se horrorizaron; el hedor era insoportable y las rechazaron. La noticia no tardó en llegar a Tenochtitlán; si eran dioses, debían ver con buenos ojos los sacrificios humanos, pero ¿lo eran?

No pasó mucho tiempo antes de que el emperador de los mexicas se convenciera de que al menos Cortés no era Quetzalcóatl. La ambición que los españoles mostraron por el oro, la avidez con que recibían cada presente que les enviaba, su insistencia en saber si había más en Tenochtitlán lo convencieron de que los españoles no eran dioses. Además, gracias a la red de espionaje que tenía en sus dominios, se enteró de que los españoles eran tan mortales como los mexicas y sangraban igual. Cortés había perdido varios hombres al enfrentarse con algunos pueblos, e incluso aquellos «venados» que montaban también morían.

El huey tlatoani no dejó de enviar embajadores y mensajeros con nuevos y más valiosos obsequios —oro, piedras preciosas, mantas, objetos plumarios— con la intención de insistirle a Cortés que se marchara, que Moctezuma no podría recibirlo, pero los regalos solo desataron aún más la ambición de los españoles.

Así como enviaba a sus embajadores, Moctezuma hacía todo lo posible para detener su avance. A través de otros pueblos, hostilizaba a los españoles; les cerraba los caminos, ponía trampas, tenía espías en todos lados para saber qué hacían y por dónde andaban. Así se enteró, con enojo, de que habían hecho alianza con los tlaxcaltecas, sus grandes enemigos; así supo también de la matanza perpetrada por Cortés en Cholula; así se dio cuenta de que, tarde o temprano, los españoles llegarían a Tenochtitlán.

Con nada pudo detenerlos, ni siquiera las fuerzas sobrenaturales actuaron a favor de los aztecas. En varios momentos, el emperador convocó adivinos, agoreros, brujos y nigromantes para que lanzaran sus poderes mágicos sobre los españoles. Esperaba que con algún hechizo los extranjeros enfermaran y murieran, pero todo fue inútil, los brujos de Moctezuma fracasaron.

A finales de octubre de 1519, el emperador recibió noticias de que los españoles, tras haber cruzado entre los volcanes, avanzaban con paso franco hacia la ciudad de México y los acompañaban 3 000 tlaxcaltecas. Todavía hizo un par de intentos más para persuadir a los españoles de que no entraran a Tenochtitlán, pero también fracasaron.

MÁS SABE EL DIABLO POR VIEJO…

El emperador reunió al Consejo formado por los señores de Tenochtitlán para discutir si debían recibir en paz a los españoles o hacerles la guerra. A pesar de los aliados que traía, si Moctezuma ordenaba lanzar un ataque sobre Cortés, no había posibilidad de que fracasara.

Cuitláhuac, señor de Iztapalapa y hermano del emperador, se pronunció en contra de que los españoles entraran a Tenochtitlán. Su argumento era irrebatible: si hubieran sido dioses, si verdaderamente venía Quetzalcóatl entre ellos, jamás se habrían aliado con los tlaxcaltecas, enemigos de los mexicas. Era impensable que el dios azteca se pusiera en contra de su propio pueblo.

Después de meses de angustia, de zozobra, de ansiedad, Moctezuma se dispuso a asumir su destino. El 8 de noviembre de 1519 fue «ricamente ataviado» y, como el gran señor que era, fue cargado en andas fuera de su palacio, acompañado por 200 señores; juntos se encontrarían con aquel hombre del que tanto habían escuchado.

La última embajada

Para cuando los españoles llegaron a las puertas de la ciudad de los aztecas, nadie podía dudar que Hernán Cortés tenía muchos *güevos*. Pecaba de audaz y, como todo aventurero, despreciaba la muerte.

A sus 34 años, tenía bien ganado el respeto de sus hombres. Había logrado seducir o someter a los pueblos indígenas que encontró a su paso, jugó con la idea de que venía en representación de Quetzalcóatl a reclamar el trono que había dejado siglos atrás y entendió rápidamente que todos odiaban a los aztecas, al menos así lo hacía la mayoría de los pueblos con los que entró en contacto.

«No hay plazo que no venza y fecha que no se cumpla», pensó Hernán Cortés al despertar la madrugada del 8 de noviembre de 1519. En unas horas entraría de manera pacífica con sus hombres y sus aliados a Tenochtitlán. Habían pasado la noche en Iztapalapa, una de las ciudades principales del valle de México localizada en la ribera sur del lago, a pesar de la resistencia de Cuitláhuac.

Pero como la insubordinación e indisciplina en la gran urbe se pagaban con la muerte, el hermano del emperador hospedó a los españoles la víspera de su entrada a la capital del imperio y les ofreció todas las comodidades por instrucciones de Moctezuma.

Todavía muy temprano por la mañana, el capitán general recibió una última embajada del huey tlatoani, por medio de la cual le hacía saber que el emperador se sentía apesadumbrado por todo lo que habían pasado para llegar hasta las puertas de Tenochtitlán, pero que se dieran la vuelta y regresaran por donde habían llegado. A cambio, se comprometía a enviar más oro y más plata para él, para sus hombres, para su emperador y para todos sus aliados.

El embajador ya no sabía de qué pretextos echar mano para que los españoles se fueran. Incluso le dijo a Cortés que Moctezuma le advertía que no era conveniente que entraran a México, pues todos sus vasallos se encontraban en armas, dispuestos a no dejarlos entrar a la ciudad. Y ya en el colmo, le dijo que la calzada era muy angosta y la ciudad no contaba con suficientes víveres para todos.

La respuesta de Cortés fue cordial pero firme. Palabras más, palabras menos, le mandó decir al embajador:

—Le agradezco al emperador de los aztecas todos sus obsequios y espero saludarlo personalmente en Tenochtitlán. Ya no insista en que nos retiremos. Sería una falta de respeto haber llegado hasta acá y no estrecharle la mano.

Conforme avanzaba el tiempo, Cortés y sus hombres se encontraban presos de la excitación provocada por el momento que estaban viviendo. La ansiedad recorría el cuartel general de los españoles, que se alistaban para avanzar sobre Tenochtitlán. Finalmente, el capitán general dio la orden; él iba al frente de la columna acompañado por doña Marina, Pedro de Alvarado, Cristóbal de Olid y Diego de Ordaz; seguían sus hombres a caballo y luego los soldados a pie; al final, sus aliados tlaxcaltecas.

«Ver cosas nunca oídas, ni aun soñadas, como veíamos», así describió Bernal Díaz del Castillo lo que sus ojos miraron desde la calzada de Iztapalapa cuando, frente a los españoles, fue adquiriendo forma la ciudad de Tenochtitlán, la capital imperial de los mexicas. «Aun algunos de nuestros soldados decían que si aquello que veían era entre sueños», agregó.

A pesar de que Bernal escribió su *Historia verdadera de la conquista de la Nueva España* varias décadas después de la caída de Tenochtitlán, desde los recovecos de su memoria, no había exageración.

La ciudad era casi una visión, un «encantamiento», una metrópoli que parecía surgida de entre las aguas. Tenía calles y canales trazados con precisión, puentes levadizos, templos de distintos tamaños y casas de cal y canto bien ordenadas. Cientos de canoas se perdían a la distancia, mientras que otras llegaban a la ciudad en un movimiento incesante.

Hasta ese 8 de noviembre de 1519, los poco menos de 250 españoles que acompañaban a Hernán Cortés hacia su destino solo habían podido imaginar cómo era Tenochtitlán. Lo que dibujaban en su mente provenía de lo que les había contado Diego de Ordaz luego de ver la ciudad desde lo alto del Popocatépetl. Habían alimentado esas imágenes con rumores, descripciones a medias que escuchaban de boca de Jerónimo de Aguilar, quien a su vez interpretaba lo que Marina le traducía del náhuatl al maya. Ninguno había podido divisar la ciudad, ni siquiera cuando descendieron entre el Popocatépetl y el Iztaccíhuatl.

Las historias que habían escuchado los españoles a lo largo del recorrido sobre la ferocidad de los aztecas, los combates que habían sostenido con distintos pueblos, la muerte de varios de sus compañeros y, sobre todo, la certeza de que el pueblo del sol —como muchos otros de los que habían conocido—, practicaba los sacrificios humanos le podían quitar el sueño a cualquiera.

Quién podía sentirse tranquilo cuando se enteraron de que —tal como escribió Bernal— «cuando sacrificaban algún triste indígena, le aserraban con unos navajones de pedernal por los pechos y bullendo le sacaban el corazón y sangre, y lo presentaban a sus ídolos en cuyo nombre hacían aquel sacrificio y luego le cortaban los muslos y brazos y cabeza, y aquellos comían en fiestas y banquetes y colgaban la cabeza de unas vigas».

Nadie quería terminar sus días en la piedra de los sacrificios con el corazón de fuera, devorado por los sacerdotes y señores mexicas en una de sus tantas ceremonias rituales. Pero era un hecho: con todo y las alianzas, nadie sabía a ciencia cierta lo que encontrarían en Tenochtitlán, ni quién era verdaderamente el emperador Moctezuma.

Cortés nunca abrigó duda alguna y si llegó a temer, no lo demostró. Su marcha hacia Tenochtitlán comenzó el 16 de agosto de 1519 y casi tres meses después, el 8 de noviembre, al frente de sus hombres y de cerca de 3 000 aliados tlaxcaltecas, avanzó con paso firme sobre la calzada de Iztapalapa —hoy calzada de Tlalpan—, que había sido construida en 1429 por los xochimilcas —otro de los pueblos que vivían bajo el yugo mexica— y donde al final se levantaba majestuosa México-Tenochtitlán.

El encuentro

Esa mañana del 8 de noviembre de 1521 todo pudo salir mal para Hernán Cortés. Todo. Pero no había dudas ni temores. Cualquier situación habría sido mejor que haber permanecido en aquella pobreza familiar en Extremadura, en la que no se veía escrito ningún futuro promisorio. La fortuna lo había acompañado desde que viajó a América a principios del siglo XVI. El dios de la guerra lo protegía y siempre salió adelante. Por eso no le inquietaba aquel encuentro que se había postergado demasiadas semanas.

Cortés había decidido meterse en la boca del lobo —la capital del imperio más poderoso de Mesoamérica en ese momento— por decisión propia, con tan solo pocos hombres que, si bien, cargaban con arcabuces, artillería y caballos, habrían sido insuficientes si los mexicas se hubieran puesto bravos.

Para ese momento, Moctezuma y su pueblo también sabían que los españoles eran todo menos dioses. Sus armas de fuego podrían ser intimidantes, pero sus cuerpos sangraban como ellos, eran susceptibles de ser atravesados por lanzas como cualquier hijo de vecino y se morían del mismo modo que los mexicas o que cualquier otro ser humano.

Por si fuera poco, Cortés llegaba a la capital imperial con 3 000 tlaxcaltecas, acérrimos enemigos de los aztecas, aunque ciertamente con la autorización del tlatoani. Con todo, en cualquier escenario, Moctezuma llevaba las de ganar. La ciudad contaba con alrededor de 60 000 habitantes y la mayoría de los hombres estaban hechos para la guerra.

La columna encabezada por Hernán Cortés avanzó sobre la calzada Iztapalapa y en cierto punto se presentaron 1 000 señores principales enviados por Moctezuma para mostrar su respeto y darles la bienvenida. Una vez terminado el acto, Cortés continuó su avance, pero como no daba paso sin huarache, ordenó que sus hombres desplegaran las banderas y que los tambores tocaran con fuerza; desfilaron como si marcharan en son de guerra y, si bien ese no era el fin, Cortés quiso infundir temor entre los mexicas.

Ya casi para entrar a la ciudad, los españoles cruzaron el punto sin retorno: un puente levadizo que unía la calzada con tierra firme. Si los aztecas lo retiraban o lo destruían, Cortés y sus hombres quedarían a merced de Moctezuma; no habría forma de escapar de Tenochtitlán. Pero habían afrontado demasiadas cosas para dar marcha atrás. Habría sido peor mostrar debilidad o temor en esos momentos. Una vez más, Cortés no se arredró y finalmente pisaron el gran islote donde se levantaba Tenochtitlán.

Para los habitantes de la ciudad imperial, mayor era la curiosidad que el miedo. Desde temprano se volcaron a las calles, a las casas y a los templos, e incluso hasta en canoas se acercaron para ver entrar a esos extranjeros ataviados de manera tan extraña y con bestias nunca antes vistas.

Los españoles no estaban menos sorprendidos que los mexicas. Si bien, ya habían conocido ciudades importantes como Tlaxcala o Cholula, no pudieron más que asombrarse cuando estuvieron a tiro de piedra en Tenochtitlán.

En palabras de Bernal Díaz del Castillo, los hombres de Cortés marchaban mirando para todos lados con azoro: «y de que vimos cosas tan admirables no sabíamos qué decir o si era verdad lo que por delante parecía, que por una parte en tierra había grandes ciudades y en la laguna muchas otras, y veíamoslo todo lleno de canoas y en la calzada muchos puentes de trecho a trecho y por delante estaba la gran ciudad de México».

Cortés avanzaba junto con sus hombres de confianza: Pedro de Alvarado, su primer capitán, a quienes los indígenas llamaban el hijo del sol por su barba pelirroja; Cristóbal de Olid a quien había nombrado regidor de la Villa Rica de la Veracruz para asegurarse el poder cuando fundó el primer ayuntamiento, y Gonzalo de Sandoval, el más joven de sus capitanes —con apenas 22 años— y más ávido de aventuras que de enriquecimiento. Entre los soldados marchaba Bernal Díaz del Castillo, que siempre se las ingenió para estar en lugar adecuado en el momento indicado.

La columna encabezada por Cortés finalmente se detuvo en lo que hoy es avenida Pino Suárez, a la altura del templo y hospital de Jesús

—fundado por el propio Cortés en 1524 y donde se encuentran sus restos—. Los tambores callaron y el silencio se apoderó de la ciudad.

En sentido opuesto, desde el centro de la gran ciudad se divisaba el magno cortejo que acompañaba a Moctezuma. Si Cortés había querido impresionar a propios y extraños con sus banderas desplegadas y sus 3000 aliados tlaxcaltecas, Moctezuma no vaciló en mostrarles a los extranjeros por qué era el gran señor de Tenochtitlán, el huey tlatoani, el emperador de los mexicas.

Su cortejo estaba compuesto por 200 señores que lo acompañaban. El emperador fue llevado en andas hasta el lugar del encuentro; unos metros antes de llegar, descendió y comenzó a caminar apoyado en dos señores.

En palabras de Bernal Díaz del Castillo: «Se apeó el gran Moctezuma de las andas y traíanle de brazo aquellos grandes caciques, debajo de un palio muy riquísimo a maravilla, y el color de plumas verdes con grandes labores de oro, con mucha argentería y perlas y piedras que colgaban de unas como bordaduras, que hubo mucho que mirar en ello».

Los españoles notaron que nadie del séquito de Moctezuma podía verlo a los ojos y que varios señores barrían el suelo y ponían mantas para que su emperador no pisara la tierra. Los mexicas sabían que ante la presencia del tlatoani todos debían inclinar la mirada.

Cortés bajó de su caballo y caminó hacia Moctezuma. Después de meses de comunicaciones, enviados, embajadas, obsequios, desconfianza, sospechas y dudas, finalmente estaban frente a frente. Decir que ese momento significó el encuentro de dos mundos no es una exageración. Ambos personajes representaban dos universos distintos, dos concepciones del mundo, dos sistemas de valores.

Por un lado, el imperio azteca, con un sinnúmero de dioses, en el que se practicaban los sacrificios humanos y la antropofagia ritual —el pozole se comía entonces con carne humana—. Por el otro, los súbditos de un rey que creían en un dios único y cuyo hijo, nacido de una virgen, se había sacrificado por los hombres.

La concepción de la vida y de la muerte eran diferentes. Los aztecas no creían en el infierno y en su cosmovisión no existía un lugar semejante, como tampoco existía algo parecido al cielo de la cristiandad. Luego de conocer sus prácticas rituales, los españoles llegaron a la conclusión de que los aztecas habían sido seducidos por el demonio. Como sea, el encuentro significó un parteaguas en la historia de ambos pueblos y en la historia del mundo. Nada volvería a ser igual.

A pesar de las dudas que asolaron a Moctezuma desde que tuvo conocimiento de que los españoles habían llegado a Veracruz, recibió con amabilidad y respeto a Cortés, a sus hombres e incluso a los tlaxcaltecas. El capitán general se acercó a Moctezuma para abrazarlo ante la mirada atónita de todo el pueblo mexica, acostumbrado a ni siquiera dirigirle la mirada a su emperador.

Sin embargo, los dos señores que acompañaban a Moctezuma lo impidieron ante el alivio de los presentes. Cortés, que entendió de inmediato que el abrazo no era la mejor opción, extendió su mano y a través de doña Marina preguntó:

—¿Es verdad que eres tú, Moctezuma?

—Sí, soy yo —respondió el tlatoani.

Acto seguido se intercambiaron collares, algunas palabras, silencios incómodos, y entonces, Moctezuma le ordenó a su hermano que condujera a Cortés y a sus hombres al lugar que había destinado para hospedarlos. Los españoles montaron de nuevo, los tambores resonaron otra vez y avanzaron hacia la plaza mayor en medio del bullicio de miles de personas que se arremolinaban para ver a los extranjeros.

Al llegar a la plaza central que hacía frontera al norte con el centro ceremonial de Tenochtitlán, los españoles pudieron ver el magno palacio de Moctezuma, que se levantaba en el predio que hoy ocupa el Palacio Nacional, y se asombraron con el Templo Mayor coronado con dos adoratorios dedicados a Huitzilopochtli y a Tláloc. Llegaron al palacio de Axayácatl, que se encontraba en el lado poniente de la plaza —donde hoy se localiza el edificio de Nacional Monte de Piedad—. Ese fue el cuartel general de Cortés, sus habitaciones y las de sus hombres, hasta el día que huyeron de Tenochtitlán meses más tarde.

—Este palacio, Malinche —le dijo Moctezuma a Cortés, llamado así porque siempre estaba acompañado por Marina—, pertenece a vos y a vuestros compañeros. Descansad de vuestras fatigas, pues mucha necesidad tenéis de ello, y dentro de un poco volveré a visitaros.

Apenas se retiró Moctezuma del palacio que había sido de su padre, Cortés lo recorrió todo para tomar sus providencias. Tenía una sola planta, con excepción del centro de la construcción, que contaba con un segundo piso. Era espacioso, con amplios y cómodos salones, suficientes para alojar a sus hombres, pero Cortés sabía que el palacio era una ratonera, podía ser sitiada en un santiamén.

No estaba en sus planes pecar de ingenuo, tampoco estaba dispuesto a entregar su confianza. Los aztecas los habían recibido cordialmente, pero eran extranjeros en el centro de Tenochtitlán y su anfitrión era un emperador que había hecho todo lo posible para que no llegaran hasta ahí. Cortés tomó algunas medidas de seguridad: colocó su artillería estratégicamente, puso guardias y centinelas de manera permanente y ordenó a sus hombres que bajo ningún motivo salieran del palacio a menos de que él en persona lo autorizara.

Una vez cumplidas las instrucciones de Cortés, los españoles se entregaron alegremente al banquete que envió Moctezuma para agasajarlos. Luego durmieron la siesta y, pasado un rato, el emperador de los aztecas se presentó de nuevo en el palacio de su padre. Había llegado el momento de conversar.

Juego de palabras

Los cañonazos resonaron en toda la ciudad y en todo el valle de México. El estruendo era parecido a la forma como rugía el Popocatépetl, pero la gente corrió despavorida porque lo habían escuchado, e incluso sentido, en las mismas entrañas de la ciudad. Al cabo de unos minutos supieron que habían sido los españoles, lo cual tampoco significó un alivio para la gente.

Bajo la vieja lógica de que el que pega primero pega dos veces, Cortés quiso dar una pequeña muestra de su poderío: para celebrar su llegada a Tenochtitlán, ordenó una salva general de artillería, que fue disparada desde el palacio de Axayácatl donde ya se encontraban hospedados los españoles. Era la primera vez que los habitantes de Tenochtitlán escuchaban el sonido de los cañones.

Era la tarde del 8 de noviembre de 1519 y, hasta ese momento, Moctezuma y Cortés no habían tenido oportunidad de conversar. Luego del banquete que les sirvieron a los españoles, se presentó el señor de Tenochtitlán en el palacio de su padre, precedido por un séquito que haría palidecer a las cortes europeas. Los sirvientes de Moctezuma acondicionaron uno de los patios para la reunión.

Los principales capitanes de la expedición no se despegaban de Cortés ni a sol ni a sombra; estaban siempre atentos, siempre expectantes, y dos personajes caminaban siempre a su lado: doña Marina y Jerónimo de Aguilar, quienes serían los traductores de aquella histórica primera conversación y primer malentendido de la historia mexicana.

Todo comenzó con una amable bienvenida, como la que solía dar Moctezuma a cualquier embajada que visitaba Tenochtitlán. De todos era sabido que, si bien, los mexicas ofrecían corazones humanos a sus dioses y comían pozole con carne humana en las ceremonias rituales, los caracterizaba su hospitalidad y su cortesía, ambas virtudes de la sociedad azteca.

Ya desde entonces, llamó la atención de los españoles lo ceremoniosos que eran los mexicas. No eran directos, no iban al grano, daban demasiadas vueltas a una misma idea antes de llegar a lo que verdaderamente querían decir. En ese sentido, Cortés agradecía a Marina que no fuera ceremoniosa.

Luego de los saludos correspondientes, Moctezuma le dijo a Cortés:

—Señor nuestro, te has fatigado, te has dado cansancio: ya a la tierra tú has llegado. Has arribado a tu ciudad: México.

De acuerdo con las formas mexicas, palabras más palabras menos, el emperador solo había dicho: «Don Cortés, está usted en su casa», pero el español dijo «de aquí soy» y lo tomó literalmente, o quizá Marina le tradujo que esa era su casa en toda forma y que aquellos dominios eran del emperador de los españoles.

Eso fue lo que quiso interpretar Cortés y en su segunda carta de relación, escrita el 30 de octubre de 1520, casi un año después de su encuentro con Moctezuma y cuatro meses después de la derrota de la Noche Triste, le hizo saber al emperador Carlos V que desde el primer momento Moctezuma y su pueblo habían aceptado ser vasallos de la corona española; asimismo le refirió lo que había dicho el emperador de los aztecas:

> Y según de la parte que vos decís que venís que es a donde sale el sol y las cosas que decís de este gran señor o rey que acá os envió [...], creemos y tenemos por cierto que él es nuestro señor natural [...] y bien podéis en toda la tierra en la que yo en mi señorío poseo, mandar a vuestra voluntad, porque será obedecido y hecho, y todo lo que nosotros tenemos es para lo que vos de ellos quisiereis disponer. Y pues estáis en vuestra naturaleza y en vuestra casa.

Esa fue la versión con la que Cortés buscaba complacer a Carlos V, la que convenía mostrar al mundo y la que debía circular en Europa para legitimar la conquista a favor de España. No fue casualidad que la carta de Cortés fuera impresa en Sevilla por Jacobo Cromberger el 8 de noviembre de 1522 —por entonces ya había caído Tenochtitlán en poder de los españoles— y fuera conocida en toda Europa.

Venimos de donde sale el sol

Pero aquel primer encuentro en el palacio de Axayácatl fue muy distinto y más complejo. Moctezuma sabía más sobre el capitán general de lo que el propio Cortés hubiera imaginado. Desde luego, desconocía sus cartas credenciales o los aspectos de su vida personal, pero sabía sus intenciones, cómo se había comportado desde que desembarcó y, sobre todo, con qué palabras se acercó a los pueblos que encontró a su paso. También sabía de su ambición, que el oro enloquecía a los españoles y tenía por cierto que representaba a un gran señor.

Antes de conocer en persona a Cortés, Moctezuma había padecido días de insoportable angustia. Tan grandes habían sido sus temores como la información que recabó acerca de los españoles, pues a lo largo de su marcha desde Veracruz, no había dejado de enviar embajadas, mensajeros y espías que le refirieran con detalle cada paso que daban, cada movimiento, cada decisión.

Así se enteró de sus vicios y virtudes, de qué les gustaba; sabía qué comían, qué decían; incluso en varias ocasiones los enviados mexicas dibujaron el tipo de ropajes, armas y animales que traían los españoles para que el emperador tuviera una idea más clara de quiénes eran los extranjeros.

Moctezuma también sabía quiénes eran los hombres cercanos a Cortés y tenía conocimiento de que se valía de otro español, Jerónimo de Aguilar, y de una india esclava, Malintzin, para comunicarse y entender la lengua de los pueblos.

Así que cuando se entrevistó con Hernán Cortés, Moctezuma no hizo hincapié en los últimos meses, ni en lo sucedido en Cholula;

tampoco preguntó el porqué de su alianza con Tlaxcala, quiso saber de dónde venían, quién era su soberano, cómo gobernaba, cuál era la razón por la que estaban ahí y si los hombres blancos que habían visto un año antes eran sus compañeros y pertenecían al mismo pueblo.

Marina escuchaba al tlatoani, traducía sus inquietudes del náhuatl al maya, lengua que dominaba Jerónimo de Aguilar, y él a su vez se las comentaba a Cortés en castellano. De acuerdo con lo que escribió Bernal Díaz décadas después sobre ese primer encuentro, Cortés agradeció todas las mercedes recibidas a lo largo de su recorrido y confirmó que venían de donde sale el sol, que eran vasallos de un gran señor «que se dice el emperador don Carlos», quien los había enviado a ver a Moctezuma y a rogarle para que fueran cristianos, «como nuestro emperador», para salvar sus almas y las de todos sus vasallos al adorar a un solo dios verdadero.

Moctezuma permaneció en silencio y luego de un instante dio por terminada la conversación. Antes de partir a su palacio con toda la pompa que le era característica, hizo que sus sirvientes les entregaran más regalos a Cortés y a sus hombres.

A la mañana siguiente, Cortés pidió autorización para visitar a Moctezuma en su palacio y se hizo acompañar por Pedro de Alvarado, Cristóbal de Sandoval, Diego de Ordaz y seis soldados más. Por supuesto, también marcharon con él Jerónimo de Aguilar y doña Marina.

Si la ciudad había impresionado a los visitantes, cuando ingresaron a la casas reales de Moctezuma quedaron boquiabiertos. Estaban conformadas por cinco palacios comunicados entre sí, con salones de todos tamaños, fuentes con agua fresca e innumerables accesos. Llamó su atención la llamada Casa denegrida, cuyo piso estaba construido con lajas irregulares de basalto negro, no tenía ventanas y no penetraba la luz; los españoles supieron que era uno de los lugares donde Moctezuma se retiraba a orar y meditar. Como ese espacio había muchos otros para distintos usos, pero si algo los definía a todos eran las riquezas y el lujo.

Cuando Cortés entró a Tenochtitlán, los aposentos de Moctezuma le hicieron ojitos; incluso, consumada la conquista, se quedó con la propiedad del emperador. Fallecido el conquistador, sus descendientes la vendieron a la real audiencia en 1562 y a partir de ese año se convirtió en el palacio real, donde vivió la mayoría de los virreyes y luego de la consumación de la independencia se transformó en Palacio Nacional.

El palacio de Moctezuma se encontraba casi enfrente del palacio de Axayácatl, así que el capitán general y sus hombres cruzaron la plaza mayor ante el asombro de la gente que transitaba por ahí. Los españoles también miraban con asombro la cantidad de templos que se levantaban hacia el costado norte, entre los cuales se erigía majestuosamente el gran Teocalli, el Templo Mayor de Tenochtitlán que recreaba el cerro de Coatepec, mítico lugar donde había nacido Huitzilopochtli.

Cortés pudo dejarse seducir por la ciudad en ese momento, pero también era un hombre pragmático y le urgía conocer en qué situación se encontraba y qué posición asumiría Moctezuma ante su presencia. Nada de lo visto anteriormente se comparaba con lo que sus ojos vieron en Tenochtitlán, sabía que estaba en la capital de un imperio muy poderoso —ya no dudaba que lo fuera— y también sabía que su futuro y el de sus hombres era incierto. El capitán general reflexionaba cada uno de sus movimientos, no había lugar para errores.

A diferencia de los señores indígenas que visitaban a Moctezuma en su palacio, los españoles no tuvieron que descalzarse y mucho menos colocarse las mantas corrientes que usaban quienes solicitaban audiencia; el emperador no tenía intención de humillar a sus huéspedes españoles. Cortés y sus hombres se vistieron con sus mejores galas y así se presentaron en el palacio del tlatoani.

Moctezuma recibió cordialmente a sus invitados en un gran salón, donde se encontraba rodeado de varios señores de Tenochtitlán. Cortés sabía que la única forma de someter pacíficamente a los aztecas era convenciendo a su monarca de aceptar la religión católica. Si lograba su conversión, el pueblo seguiría sus pasos y terminarían por reconocerse vasallos de Carlos V.

De dioses a dioses

Cortés tomó la palabra y volvió al tema que apenas había esbozado el día anterior. Le explicó a Moctezuma que eran cristianos, que adoraban a un solo dios verdadero llamado Jesucristo, quien había muerto para salvar a los hombres y había resucitado, es decir, que había logrado derrotar a la muerte. También le dijo que veneraban la cruz porque Jesucristo había muerto en ella; era el símbolo de Dios, por eso habían levantado varias cruces a lo largo de su recorrido, con lo cual evitaban que las fuerzas del mal se acercaran. Continuó diciendo que ese dios único era el creador del cielo y de la tierra y de todas las cosas que había en el mundo. También le explicó el origen del hombre, que todos eran hermanos, pues venían de los mismos padres, Adán y Eva, y que más adelante llegarían hombres que vivían «muy santamente» para enseñarles más acerca de Dios.

Cortés hablaba con elocuencia, agitaba las manos, gesticulaba, luego callaba unos segundos y continuaba. No parecía reparar en que Moctezuma y el resto de los señores presentes no entendían nada y más bien debían esperar que Aguilar y Marina tradujeran.

Pero eso no le importó al conquistador. No dejaba de hablar y, en un tono más grave, mencionó que su emperador Carlos V los había enviado porque los dioses que Moctezuma y su pueblo adoraban eran demonios, eran el diablo que adquiría distintas formas para llevarlos al fuego eterno, y que la prueba mayor de la presencia de esas fuerzas diabólicas eran los sacrificios humanos que realizaban los mexicas; los cristianos, en cambio, tenían un rito sencillo, la misa, en la cual se manifestaba el milagro de la transustanciación donde el sacerdote convertía el pan y el vino en el cuerpo y la sangre de Jesucristo, pero en la misa nadie sufría.

—Nuestro gran emperador —dijo Cortés—, doliéndose de la perdición de las ánimas, que son muchas las que sus ídolos llevan al infierno donde arden a vivas llamas, nos envió para que esto lo remedie y ya no adoren aquellos ídolos ni les sacrifiquen más indígenas ni indias, pues todos somos hermanos.

Moctezuma dejó hablar a Cortés. Quizá el español subestimó al emperador y pensó, solo por un instante, que podía convencerlo de sumarse a las filas de la cristiandad. Pero el gran tlatoani había sido un gran sacerdote antes de subir al trono; era el jefe del Estado y de la religión; por lo tanto, su fe, sus creencias, sus dioses estaban profundamente arraigados en su formación. Había llegado al trono porque así lo habían querido sus dioses. Sus ancestros sirvieron a las mismas deidades y toda la vida del imperio se movía en torno a los ritos, ceremonias, festividades que tenían que ver con sus dioses. La grandeza de Tenochtitlán estaba inscrita en Huitzilopochtli y en Tláloc, en Coatlicue y Tezcatlipoca, y en el panteón mexica, que abarcaba todos los aspectos de la vida del pueblo del sol.

A pesar de la fascinación que le provocaba Hernán Cortés, a pesar de las profecías y del anunciado retorno de Quetzalcóatl, a pesar de las formalidades y buenas maneras que había mostrado el español, en ningún momento Moctezuma dudó de su fe y de la religión de sus ancestros.

Quizá alguno de los otros tlatoanis habría mandado matar a Cortés y a sus hombres por haber señalado que los dioses mexicas eran la representación del mal, del mismísimo demonio que había tentado a Jesucristo; sin embargo, Moctezuma respondió con tranquilidad. Le respondió a Cortés que no dudaba de lo maravilloso y bondadoso que podía ser el dios de los españoles y de su emperador, pero le aseguró que los dioses mexicas también lo eran, pues eran generosos, los proveían de lo necesario para vivir y se preocupaban por su pueblo.

Moctezuma continuó diciéndole a Cortés que no era conveniente abundar más sobre ese tema y explicó que sus antepasados no eran los primeros poseedores de esas tierras, que habían sido conducidos a ellas por un ser bondadoso que los encaminó, les dio leyes y orden, y que luego se había ido por donde sale el sol, no sin antes predecir que él o sus descendientes regresarían a reclamar su imperio.

El tlatoani reconoció que los españoles eran descendientes de aquel ser, y que se había resistido a recibirlos en Tenochtitlán porque recibió noticias de sus crueldades: se enteró de que arrojaban rayos y relámpagos que le hacían daño a la gente y que con los caballos mataban indígenas, pero que al final se había dado cuenta de que solo eran calumnias; los españoles eran buenos y generosos, pero también mortales. Aunque su raza era diferente a la de los aztecas, se mostraban sabios y valientes, y por eso los respetaba.

La elocuencia de Cortés, la vehemencia de sus palabras al hablar de su emperador y de su dios, la pasión por intentar que Moctezuma aceptara al dios cristiano se perdieron en la traducción. Las palabras que escuchó el emperador de los mexicas eran una burda simplificación de toda una doctrina, de toda una fe, compleja como todas las religiones.

A pesar de que doña Marina había acompañado a Cortés desde que fundó el ayuntamiento de la Villa Rica de la Vera Cruz en abril de 1519, a pesar de que fue su intérprete desde el principio de su expedición hacia Tenochtitlán, a pesar de que ya para entonces entendía bien el castellano y de que, sobre todo, había repetido en innumerables ocasiones la explicación de Cortés acerca de haber llegado a esas tierras para alejarlos de la idolatría y para salvar a sus almas y a explicarles que su dios era solo uno, es un hecho que la joven indígena no tenía el conocimiento para entender cada concepto que vertió Cortés en su discurso, menos aún para explicarlo sin que se perdiera detalle alguno.

El abismo que se abría era insalvable: la visión del mundo y la mentalidad de Marina pertenecían al universo indígena; toda su existencia se explicaba a través de él. Ocho meses junto a Cortés no eran suficientes para entender la mentalidad europea, ni las intenciones más profundas del conquistador.

¿Cómo podía explicar Marina que el cuerpo y la sangre de Cristo se encontraban en un pedazo de pan sin levadura? ¿Cómo explicar que el dios de los españoles era uno, pero que existía en tres personas distintas: Padre, Hijo y Espíritu Santo? ¿Cómo podía explicarle a Moctezuma y al resto de los señores de Tenochtitlán que para los españoles era mejor comerse a su propio dios que sacrificar vidas humanas en su honor? Seguramente cada uno de los protagonistas de ese cruce de universos entendió lo que quiso.

Ya casi para terminar, Moctezuma le dijo a Cortés que él tampoco era un dios, que su cuerpo era de carne y hueso como el de los españoles, y reconoció que el emperador Carlos V era el legítimo dueño de todo.

Al escuchar la traducción de Marina, los ojos de Cortés parecieron iluminarse. El emperador estaba reconociendo a Carlos V como su soberano.

—Sí, es el dueño legítimo de todo —dijo—, pero yo gobierno en su nombre y vos, Cortés, sois su embajador. Vos y vuestros compañeros participaréis conmigo de estos bienes. Descansad, estáis en vuestra casa y se les dará todo lo necesario para vuestra subsistencia. Cuidaré que vuestros deseos sean cumplidos con la misma puntualidad que los míos.

El «yo gobierno en su nombre» resonó una y otra vez en la cabeza de Cortés. En ese momento comprendió que ni Moctezuma ni los aztecas entregarían por voluntad la capital del imperio.

CAPÍTULO 8

LA NOCHE TRISTE

Nadie conocía su nombre, pero todos le decían Botello. Era uno más de los soldados de Cortés que se sumaron a su expedición con deseos de mejorar su condición y hacerse de oro y de tierras. Pero, a diferencia de los demás, se embarcó en Cuba porque los astros y las suertes adivinatorias marcaron así su destino.

El buen Botello se había batido con valentía desde que desembarcaron en Veracruz. Era soldado de a caballo; sus compañeros le guardaban un profundo respeto que iba más allá del reconocimiento por su manejo de la espada o la destreza de buen jinete, sus armas eran otras, acaso más poderosas: Botello era nigromante.

Desde luego, había sido bautizado y era cristiano como todos; creía en Dios, en la Virgen María y en el apóstol Santiago, a quien había jurado ver cabalgando los aires en los momentos más difíciles de las batallas que libraron rumbo a Tenochtitlán. No obstante, conocía también los secretos de la nigromancia: predecía el futuro por medio de la invocación de espíritus. Se decía que era astrólogo, pero poco importaba si lo llamaban de un modo u otro, lo cierto era que capitanes y soldados lo consultaban con frecuencia y le procuraban afecto.

Poco antes del amanecer del 30 de junio de 1520, apenas unas horas antes de que los mexicas atacaran el cuartel general de los españoles por sexto día consecutivo, Botello se acercó al cadáver de uno de sus compañeros caídos la jornada anterior y posó sus manos sobre su cabeza sin tocarla. Luego de un rato de murmurar junto al cuerpo, como si le rezara con sus oscuras artes, Botello salió de aquel trance y dijo unas palabras que helaron a todos sus compañeros.

—Si no salimos de la ciudad esta noche, si aguardamos más tiempo, ninguno de nosotros saldrá con vida. Hoy es el día, hoy los astros juegan a nuestro favor. No será fácil, vi sangre y muerte, y también vida. Nuestro capitán será desposeído de su ser y de su honra, pero después será gran señor e ilustre y gozará de muchas rentas.

Hernán Cortés desatendía las profecías de Botello. No necesitaba ser adivino para saber que el tiempo jugaba en su contra. No solo porque cada hora de combate cobraba más vidas españolas ni porque las provisiones estuvieran a punto de agotarse, sino porque Cuitláhuac, el nuevo tlatoani, había rechazado la paz que Cortés ofreció después de la muerte de Moctezuma.

Una paz muy cortesiana, por cierto, porque el capitán general mandó decir a los mexicas:

—En todo este tiempo hemos respetado la gran ciudad de México por el afecto que guardábamos a su emperador, pero, ahora que ha fallecido, no tendremos ningún empacho en quemar todas sus casas y salir a combatirlos si no llegamos a un acuerdo de paz.

Si el capitán general pensaba que por las buenas la historia tendría un final feliz, se equivocaba por completo.

Los españoles entregaron el cuerpo del emperador a su pueblo, lo enviaron con dos sacerdotes y seis señores que tenían cautivos. Su intención era que contaran las circunstancias en las que había fallecido para que no responsabilizaran a los españoles. El emperador había muerto debido a las pedradas arrojadas por sus propios guerreros.

Cortés sabía que sin Moctezuma estaban inermes; ya no tenían forma de negociar ni poder alguno sobre los señores mexicas, pero consideró que Cuitláhuac suspendería los ataques mientras realizaban las exequias de su monarca, lo cual les daría tiempo suficiente para escapar de Tenochtitlán.

Pero se equivocó. No hubo ceremonias, ni exequias, ni pompas fúnebres, ni rituales ni nada.

Los señores de Tenochtitlán mandaron decir a Cortés:

—Ahora pagarán de verdad por la muerte de nuestro rey y señor, y por el deshonor que han cometido contra nuestros dioses. Hemos elegido un nuevo rey que no tiene un corazón tan débil para poder engañarlo con palabras falsas como hicieron con nuestro buen señor Moctezuma. No se preocupen por el entierro de nuestro señor, mejor cuiden de su vida porque en dos días no quedará ninguno de ustedes.

El jueves 28 de junio, un día después de la muerte de Moctezuma, Cortés y sus capitanes decidieron hacer un intento más para romper el asedio. Marcharían todos, españoles y tlaxcaltecas, sobre la calzada de Tacuba, la más cercana a tierra firme hacia el poniente. Si alguna oportunidad tenían los españoles de salir de Tenochtitlán, debía ser por Tacuba.

Los españoles sorprendieron a los mexicas y lograron avanzar. Estuvieron a escasos pasos de tierra firme, pero los indígenas se recuperaron y arremetieron con furia; lograron hacerlos retroceder hasta el palacio de Axayácatl. La mayoría regresó con heridas, muchos guerreros tlaxcaltecas murieron durante el enfrentamiento.

Cortés se percató de que los indígenas habían levantado parapetos y mamparas a lo largo de la calzada para poder atacar sin estar al descubierto. Por si fuera poco, los puentes que permitían atravesar las acequias que cruzaban la calzada estaban destruidos.

Hasta oídos del capitán general llegaron las profecías del nigromante español, el buen Botello, la mañana del 30 de junio de 1520. Pero no les dio importancia porque se había anticipado a lo dicho por los muertos y los astros: tenía decidido que esa noche saldrían de Tenochtitlán al costo que fuera. Estaba listo para jugar su suerte a una última carta.

Bernal Díaz del Castillo no temía por su vida, estaba hecho al ánimo de lo que les esperaba al caer la noche. Desde que desembarcaron en Veracruz, participó en todas las batallas, cuya memoria serían sus heridas de guerra. La mañana del 30 de junio se le había encomendado la construcción de un puente portátil que debían llevar en la vanguardia para que las tropas pudieran pasar con seguridad sobre las acequias.

A sus 28 años de edad, parecía cargar a cuestas la historia de un hombre de 100 años. No era un soldado más: en todo momento gozó de la confianza de sus jefes, Francisco Hernández de Córdoba, Juan de Grijalva y Hernán Cortés. Conoció personalmente al emperador Moctezuma, convivió con el huey tlatoani y en varias ocasiones estuvo a cargo de la seguridad de doña Marina —así fue como conoció su historia—.

A diferencia de los otros conquistadores, Bernal no solo ambicionaba oro o tierras, también se dejó maravillar por los aromas, sabores y sensaciones del Nuevo Mundo. Tenía la confianza puesta en su capitán y esperaba salir con vida esa noche: siempre prefirió la prudencia de Cortés que los arrebatos de Alvarado. Tenía vocación por las armas, pero no era un hombre sanguinario. Lamentaba la muerte de sus compañeros y de los indígenas que peleaban al lado de los españoles.

Una vez que el puente fue concluido y los españoles verificaron que pudiera resistir el paso de los hombres, los caballos y la artillería, Bernal se tomó un momento antes de regresar al combate —los mexicas no habían dejado de atacar durante todo el día— para ver a doña Marina.

Tantos meses compartiendo los afanes de Cortés habían propiciado una estrecha relación entre ella y el español. Bernal no quería ser dramático, pero nadie podía garantizarles que saldrían con vida de aquella jornada, así que quiso despedirse y desearle buena suerte:

—Señora, que nuestro señor Jesucristo y la Virgen santísima se apiaden de nosotros esta noche. Espero verla de nuevo, pero si el destino y Dios no lo permitieran, quiero decirle que ha sido un honor conocerla.

Marina le agradeció su permanente compañía, el buen trato y las deferencias que había tenido con ella. Sabía que eran sinceras y no se debían a la obligación de cumplir las órdenes de Cortés. Ya casi podían entenderse en castellano, aunque de pronto, Bernal también usaba algunas frases en náhuatl. A pesar de ser una mujer que había forjado su carácter en la adversidad —había pasado de unas manos a otras como esclava— y de ser dura, no pudo ocultar sus lágrimas. Le ofreció su mano a Bernal, que la tomó sutilmente como despedida.

A sus 16, quizá 17 años de edad, ya era conocida como doña Marina. No había uno solo de los capitanes, ni soldados de Cortés, ni de los guerreros tlaxcaltecas ni de la nobleza mexica que no la respetara. Si en un principio su presencia extrañó a todos, con el paso de los días su facilidad para las lenguas y su soltura para traducir sin nerviosismo, sin trastabillar, con gran seguridad, incluso ante el gran tlatoani, le otorgaron un poder que jamás habría imaginado, ni siquiera si hubiera permanecido en el pueblo de donde era originaria en Coatzacoalcos como hija de uno de los caciques de la región.

Los últimos meses habían sido tan vertiginosos que poco tiempo tuvo para dimensionar lo que sucedía. Se había convertido en el vínculo entre dos universos: el de sus raíces, el de su tierra, el de sus dioses y el de los españoles, que asumió como propio.

No pertenecía ya a ninguno de los dos. Sabía que pertenecía a Cortés y el trato que le daba el conquistador no lo había recibido jamás de ningún otro hombre. Por eso su lealtad siempre estuvo con él. Por eso no temió jugarse la vida a su lado y acompañarlo en toda la campaña. Por eso no dudó en advertirle que les preparaban una emboscada en Cholula. Sin saberlo, poco a poco, día a día, doña Marina se había convertido en la mujer de la conquista.

Esa tarde del 30 de junio, luego de que Bernal se despidiera, doña Marina se encargó de preparar los fardos —ropa y enseres— que llevaría consigo al dejar Tenochtitlán. Debía ser algo sencillo, pues las prioridades de Cortés eran el oro y las piezas de artillería, para las que tenía dispuestos varios cientos de hombres.

El ánimo de Marina era sombrío, pero no era la única; en el cuartel se respiraba un pesimismo atroz. Las posibilidades de salir con vida no parecían ser muchas después de presenciar la violencia con la que los mexicas asediaban el palacio de Axayácatl.

Doña Marina vio a los mejores hombres de Cortés chorreado sangre, con heridas profundas, con flechazos que en el mejor de los casos solo habían atravesado un brazo, un hombro, quizá una pierna. También fue testigo de las decenas de indígenas tlaxcaltecas que morían día con día desde que volvieron de Cempoala tras derrotar a Narváez.

A pesar del fragor de la batalla y de los preparativos de la huida de Tenochtitlán, Cortés se tomó un tiempo para estar con Marina.

—Esta vez no puedes venir a mi lado como en otras ocasiones. Podría llevarte en mi caballo, pero solo arriesgaría tu vida, Marina. Irás con el resto de las mujeres, llevarán una guardia de tlaxcaltecas y otra menor formada por mis soldados.

Marina rompió en llanto y Cortés la abrazó con fuerza, como si fuera la última vez que lo haría.

—Todo va estar bien, también saldremos de esta, no temas —dijo el español sin soltarla, intentando que sintiera consuelo y confianza. Marina solo asintió. Sabía que las palabras de su señor eran condescendientes, pero aun así permaneció unos minutos acurrucada entre sus brazos.

Muchos eran los detalles de logística que debían solucionar antes de partir. El principal: las grandes cantidades de oro, plata y piedras preciosas que los españoles habían acumulado desde su llegada a Tenochtitlán. Su codicia y ambición no conocían límites.

Los regalos recibidos por Cortés representaban una mínima parte. Cuando Moctezuma aceptó ser vasallo de Carlos V y los señores principales de las distintas ciudades siguieron su ejemplo, el emperador de los mexicas ordenó que de todas las provincias enviaran oro. Pero, aun con las grandes cantidades que llegaron al cuartel de los españoles, el gran tesoro, el verdadero tesoro de Moctezuma del que tanto se habló después —y que llegó a convertirse en una leyenda—, fue hallado por Cortés de manera fortuita.

El día en que los españoles subieron al Templo Mayor, donde se encontraron con Moctezuma aquel lejano noviembre de 1519, Cortés regresó indignado al palacio de Axayácatl porque el emperador se había negado a que colocaran un altar dedicado a la Virgen María junto al de Huitzilopochtli. Le había parecido repugnante el espectáculo de sangre que vieron: corazones de prisioneros sacrificados ardiendo en los braseros, las paredes salpicadas de sangre, brazos y piernas dispuestas para servir de festín.

Para desagraviar el desaire hecho a la Virgen María, Cortés creyó necesario construir una capilla en uno de los salones del palacio de Axayácatl. Moctezuma accedió. Al momento de iniciar los trabajos, los hombres de Cortés se toparon con un pared que tenía una entrada tapiada. Por un momento olvidaron la capilla, abrieron la recámara clausurada y encontraron un tesoro incalculable que llenaba toda la habitación: pulseras de oro, bandas para las muñecas, anillos con cascabeles de oro para atar en el tobillo, coronas reales, alhajas, collares de piedras preciosas con incrustaciones de plata y de oro, penachos, mantas valiosísimas con hilo de oro, plumas de todos colores.

Cortés prefirió no comentar su hallazgo a Moctezuma. Esperó hasta que aprisionaran al emperador y lo obligaran a vivir en el cuartel general de los españoles. Todas las riquezas ahí resguardadas pertenecieron a su padre Axayácatl; era el tesoro real reunido durante su gobierno y que por herencia era de él; aunque, conociendo la avidez de los españoles por el oro, supo de inmediato que ya no le pertenecía. El emperador no puso reparos en que se lo quedaran, lo único que le pidió a Cortés fue que no tocaran las plumas porque eran de sus dioses.

Poco importó el trabajo de orfebrería de los mexicas que se reflejaba en cada pieza del tesoro; tampoco si eran aretes, collares o anillos. Antes que la capilla, Cortés ordenó la construcción de una fragua y comenzó la fundición de piezas para crear lingotes de oro.

Ese 30 de junio de 1520, cuando caía la tarde, Cortés se percató de que sería imposible cargar con todo el oro durante la huida. En el pecado llevó la penitencia. Aun así, tomó la parte que le correspondía de acuerdo con su real gana y con la que se pudiera mover con rapidez para salir de Tenochtitlán.

Hizo lo propio con los oficiales del rey: entregó el quinto real y les proporcionó siete caballos heridos y cojos que no podían entrar en combate, pero serían útiles para cargar el oro, así como 80 tlaxcaltecas que ayudarían en la operación.

Pero todavía sobraban lingotes y joyas, por lo que llamó a su secretario y a un escribano para que dieran fe:

—No podemos cargar con más oro —les dijo—, por lo que autorizo a los soldados a tomar, si así lo desean, lo que puedan cargar con ellos. Prefiero que se lo lleven a que se pierda aquí, entre los perros mexicanos.

Los hombres que venían en la expedición de Narváez y se habían cambiado al bando de Cortés no perdieron el tiempo. Lo único que habían obtenido hasta ese momento eran desgracias, así que frente a la desastrosa campaña de Cortés a la que se sumaron bajo todo tipo de promesas, el oro era la mejor compensación sin saber que cargaban consigo a la muerte.

La tentación, sin duda, era grande. Los soldados jamás habían visto tantos tesoros juntos y ahora podían disponer de ellos a manos llenas. Pero no todos estaban ávidos de riquezas, Bernal Díaz del Castillo consideró que, al menos en esos momentos, lo más importante era mantenerse con vida, así que solo tomó algunas piedras de jade de gran valor para los indígenas, previendo que más adelante podrían servirle para sobrevivir.

Pedro de Alvarado tampoco prestó atención al oro ni buscó llenar sus bolsillos. Su prioridad en esos momentos era salir bien librado junto con sus hermanos y su esposa, doña Luisa, que no cabía de la angustia. La mujer tlaxcalteca sabía que si caía prisionera no habría piedad para ella y, al igual que doña Marina, su tristeza y sufrimiento eran evidentes. No podría marchar al lado de su marido, tendría que ir con el resto de las mujeres y era posible que jamás volvieran a verse.

Cuando se ocultaba el sol y los guerreros mexicas comenzaban a retirarse, Cortés llamó a una última reunión con sus capitanes para organizar la fuga. A la vanguardia marcharían Gonzalo de Sandoval y Diego de Ordaz junto con otros dos capitanes y 100 soldados que cargarían solo con sus armas para que pudieran combatir y moverse con rapidez en caso de que fueran requeridos en algún punto de la calzada. Con la vanguardia también irían 400 guerreros tlaxcaltecas y 150 españoles a cargo del puente portátil con la encomienda de defenderlo incluso con la vida.

En el centro de la columna iría el propio Cortés, Alonso de Ávila y Cristóbal de Olid, junto con la artillería que cargaban los tamemes tlaxcaltecas y custodiaban los soldados españoles, entre los que estaba Bernal. También iban los señores mexicas prisioneros, un hijo y dos hijas de Moctezuma, doña Marina y doña Luisa, con el resto de las mujeres que le habían obsequiado a Cortés para cocinar. Con ellas viajaba la única mujer española, María Estrada, que sabía empuñar la espada y peleaba con tanta valentía y furia que decían que se comportaba como hombre. El grupo estaría protegido por 300 guerreros tlaxcaltecas y 30 soldados españoles.

Pedro de Alvarado y Juan Velázquez de León encabezarían la retaguardia con el resto de los españoles y los guerreros tlaxcaltecas. Había llegado la hora de salir de la capital imperial.

La noche cayó sobre Tenochtitlán. Algunos relámpagos iluminaron la ciudad y los truenos hicieron retumbar la tierra. Comenzó un aguacero que en minutos se convirtió en granizada. Los braseros que iluminaban los alrededores del palacio de Axayácatl se apagaron.

El momento era propicio para iniciar el éxodo. Cortés dio la orden de marchar. El granizo caía con tal fuerza sobre las construcciones de la ciudad que el andar de los caballos apenas se escuchaba. El ejército avanzó con sigilo, nadie pronunciaba una palabra. Los tamemes cargaban las piezas de artillería para evitar que el sonido de las ruedas anunciara su paso por la calzada de Tacuba.

La vanguardia llegó sin novedad hasta el canal donde debían colocar el puente portátil para cruzar a tierra firme, pero el ejército de Cortés era tan numeroso —estaba compuesto por alrededor de 4000 hombres—, que una parte de la retaguardia aún se encontraba cerca del palacio de Axayácatl.

Los primeros contingentes cruzaron sin dificultad. El granizo había dejado de caer y dio paso a una pertinaz lluvia que complicó la situación. La calzada era una boca de lobo y el ejército de Cortés parecía una procesión de ánimas, de seres fantasmales que avanzaban con lentitud y cuyas siluetas macabras apenas eran perceptibles.

Cortés se movía con discreción, apresuraba el paso de su caballo para ver el movimiento de la vanguardia y luego volvía sobre sus pasos. Sabía que Marina sufría, así que de pronto detenía su marcha hasta emparejarse con el contingente de las mujeres que caminaban sin mirar atrás, sin mirar a los costados, tratando de no tropezar entre la penumbra.

Su gente seguía cruzando. Convenientemente, los caballos que llevaban el oro de Cortés fueron las primeras bestias que tocaron tierra firme. Otros jinetes habían cruzado con premura, pues no podían darse el lujo de perder a los caballos, ya que era imposible conseguir más en aquellas tierras mexicanas.

El grito de guerra de los mexicas rompió el silencio de la noche. Algunos moradores de las ciudad se percataron de la fuga de los españoles y de inmediato dieron la señal de alarma. En un santiamén, los canales se llenaron de canoas desde las cuales los indígenas tiraban con sus arcos y sus hondas. En los parapetos y mamparas que habían colocado a lo largo de la calzada se apostaron los guerreros; de sus miradores salían lanzas que atravesaban los cuerpos de los tlaxcaltecas y alcanzaban a herir de muerte a los caballos.

Reinó entonces la confusión. Cortés regresó al centro de la columna y se enfrentó con tantos mexicas como pudo. No había un espacio a lo largo de la extensa calzada donde españoles y tlaxcaltecas no resistieran los embates de sus enemigos, intentando al mismo tiempo seguir avanzando. Lo único que no podían permitirse era permanecer inmóviles porque eso significaba la muerte.

Muchos españoles de la expedición de Narváez murieron ahogados al caer a los canales; el peso de los lingotes de oro que cargaban entre sus armaduras los arrastraba hasta el fondo de las acequias. Los caballos resbalaban sobre la calzada y caían al agua, donde eran rematados por los mexicas.

Rodeado por un puñado de soldados, Alvarado se había convertido en el dios de la guerra: arremetía contra todo y contra todos; con su espada atravesaba a los indígenas, cortaba cabezas, cercenaba brazos. No estaba dispuesto a morir ahí, por lo que se defendía con furia. Muchos españoles que partieron con él decidieron regresar al palacio de Axayácatl ante la imposibilidad de avanzar por la calzada. Ahí sellaron su destino, levantaron nuevos parapetos y resistieron un par de días más hasta que fueron derrotados y sacrificados en el Templo Mayor.

Cortés tampoco dio tregua. Con un grupo de soldados entre los que iba Bernal, logró apurar la marcha de las mujeres. En el camino, los señores mexicas que llevaban los españoles como rehenes murieron atravesados por las flechas de sus propios guerreros. Dos de los hijos de Moctezuma también perecieron, solamente logró salvarse Tecuichpo, que después sería bautizada como Isabel de Moctezuma.

La escolta de 300 tlaxcaltecas que cuidaba a doña Luisa hizo su trabajo; los indígenas lograron ponerla a buen recaudo junto con doña Marina. Ambas cruzaron a tierra firme acompañadas por la española María Estrada, que no dejó de combatir en ningún momento.

Los mexicas también eran víctimas del caos provocado por la oscuridad y la tormenta. Solo acertaban cuando tenían frente a sus narices a sus enemigos, pero tiraban a ciegas a sabiendas de que el grueso del ejército de Cortés se desplazaba por la calzada de Tacuba.

Por momentos la batalla parecía ceñirse al enfrentamiento entre tlaxcaltecas y mexicas; las bajas de los aliados de Cortés eran numerosas. Cuando los tlaxcaltecas se encontraban frente a frente con los batallones mexicas, no había cuartel para nadie. La ferocidad de la lucha era la manifestación más clara del odio, del resentimiento, de la humillación acumulada durante años por los señores de Tlaxcala en contra de Tenochtitlán.

Cortés siguió combatiendo sin descanso, regresó un par de veces más desde la vanguardia para apoyar a sus hombres a lo largo de la calzada. Intentó liberar el paso para que fueran al frente y alcanzaran a cruzar. Vio caer a los tlaxcaltecas que cargaban la artillería y miró con impotencia cómo los cañones se hundían con rapidez en las aguas de los canales. Para mala fortuna del rey de España, el quinto real también terminó en el fondo del lago, junto con los cuerpos de los indígenas y de los caballos que lo cargaban.

Después de batirse con bizarría a lo largo de la calzada de Tacuba, Cortés cruzó a tierra firme donde se encontraban muchos de sus hombres y capitanes, aunque entre los velos de aquella pesada noche no podía saber quién estaba vivo ni quién había perecido. No podía siquiera asegurarse de que Marina siguiera con vida.

El puente portátil terminó por hundirse en el fango y los mexicas lo inutilizaron por completo, pero los cadáveres de tlaxcaltecas y mexicanos, caballos y soldados españoles que anegaban los canales se convirtieron en macabros puentes que ayudaron a cruzar a los hombres que permanecían con vida y alcanzaban a llegar a la orilla de Tenochtitlán.

Los embates de los aztecas impedían que los españoles se ayudaran entre sí. Cada quien debía velar por sí mismo. Los heridos quedaban tendidos en la calzada y de inmediato era capturados por los mexicas, que no los mataban: los reservaban para luego sacrificarlos.

El buen Botello, el nigromante español que había profetizado la muerte de todos si no salían de Tenochtitlán esa noche, cumplió con el destino que le depararon los astros para esa jornada: cayó muerto al intentar cruzar a la otra orilla. Algunos de sus compañeros recuperaron una pequeña maleta donde guardaba su libreta y algunos objetos con los que invocaba a los espíritus. En sus notas dejó escrito que moriría esa noche.

Cortés ordenó que la gente que había logrado cruzar no se detuviera, debía seguir avanzando hacia el poniente: el pueblo de Tacuba era el punto de reunión. Nadie podía permanecer en la ribera, el asedio de los mexicas continuaba por todas partes. Algunos capitanes le pidieron regresar por sus compañeros, a lo lejos se escuchaban los gritos de auxilio de quienes seguían combatiendo. También se oían los lamentos de los heridos y los escalofriantes gritos de angustia de quienes eran capturados por los mexicas. A la distancia, la calzada de Tacuba parecía un enjambre y los mexicas festejaban la victoria.

Con todo el dolor de su corazón, Cortés no permitió que nadie volviera a la isla; hacerlo significaba poner en riesgo a los sobrevivientes y no podía perder más hombres porque todavía no estaban a salvo. Los pueblos ribereños eran leales a Tenochtitlán y podían intentar un ataque en cualquier momento.

Las diezmadas tropas de Cortés pararon en el barrio de Popotla, una población localizada a unos cuantos kilómetros de Tenochtitlán. Necesitaban tomar un respiro, intentar reorganizarse, hacer un primer balance de la derrota. ¡Sí!, los españoles habían sido derrotados y el capitán general lo sabía. La mayoría de la gente estaba herida, pero al menos sus principales capitanes, como Sandoval, Ordaz y Olid, estaban vivos; el padre Olmedo y Bernal también salieron bien librados, aunque el soldado de Cortés tenía heridas muy graves, las peores que había sufrido hasta entonces.

Tras cerciorarse de que no había enemigos en los alrededores, la mayoría de la gente se acomodó a la sombra de los ahuehuetes que se levantaban en Popotla. El paraje estaba desierto, comenzaba a clarear y la luz del día dejó ver las huellas de la batalla en las armaduras de los soldados: no había ninguna que no tuviera rastros de sangre y lodo.

La frustración y el dolor asomaban en las expresiones de todos. Algunos preguntaban por sus compañeros, por sus capitanes, por las mujeres con las que convivían cotidianamente. Esperaban hallarlos entre los heridos, que estuvieran entre los rezagados, pero conforme avanzaba el tiempo, las esperanzas de volver a verlos se esfumaban.

Cortés se retiró el yelmo y la armadura, y pidió agua para limpiarse la cara. Su barba se había tornado roja, teñida por la sangre de amigos y enemigos, pero no tardó en recuperar su color natural. El capitán general estaba abatido, lamentaba la suerte de sus compañeros, se sabía derrotado. De pronto, frente a sus ojos apareció Marina. Su mirada se iluminó y la abrazó con todo su cariño. En medio de sus tribulaciones, su alma descansó al ver a su compañera con vida.

Doña Luisa, la mujer de Alvarado, los miró con tristeza. Desconocía cuál había sido la suerte de su esposo. Sabía que había partido al frente de la retaguardia, pero nadie supo darle noticias de él. Seguramente, había muerto en la batalla.

Marina fue a buscar alimentos. El capitán general ordenó que atendieran a los heridos y se prepararan para continuar la marcha. Por un momento, Cortés se encontró solo, viendo en dirección a Tenochtitlán como si su sueño se huera esfumado. De pronto, vio aproximarse un grupo de hombres y fue grande su sorpresa cuando reconoció que al frente venía Pedro de Alvarado acompañado por cuatro de sus soldados y algunos tlaxcaltecas, todos con heridas graves.

El hijo del sol llevaba una lanza en la mano. Si bien, con el tiempo surgiría la leyenda de que la usó para saltar el canal apoyado en ella, la historia es diferente, aunque no por ello menos dramática. Una vez que los mexicas se lanzaron al ataque, Alvarado avanzó con sus hombres sin detenerse; mataron a su yegua, por lo que siguió a pie sin dejar de pelear. Llegó a la orilla de la isla, tomó la lanza de uno de sus compañeros que yacía muerto y, apoyándose en ella, cruzó a tierra firme junto a sus hombres. Tuvieron que pasar por encima de los cuerpos de compañeros y enemigos que yacían amontonados en el canal.

Alvarado y Cortés se abrazaron. Su capitán lo enteró de la muerte de uno de sus mejores hombres y buen amigo, Juan Velázquez de León, que lo acompañaba en la retaguardia. Murió ahogado al caer en uno de los canales, sin que nadie pudiera hacer nada por él.

La noticia devastó a Cortés y los sentimientos se desbordaron. El capitán general lloró por sus hombres, lloró por sus aliados, lloró su derrota, pero ahí mismo se juró regresar a Tenochtitlán. Permaneció solo un rato más. Después, se colocó la armadura, ajustó su espada, tomó su yelmo y montó uno de los caballos; luego dio la orden de continuar la marcha con rumbo a Tlaxcala. Había llegado el momento de la guerra.

✦ FUENTES ✦ RECOMENDADAS

En 2019 cumplo treinta años de dedicarme a la divulgación de la historia. Estoy convencido de que, en primera instancia, para contar una historia, lo mejor es recurrir a fuentes primarias: crónicas, cartas, memorias y recuerdos de los protagonistas del hecho histórico.

Por eso considero que, independientemente de todas las importantes biografías y estudios que existen sobre Cortés, sobre Moctezuma y sobre la conquista de México, para mí la fuente más confiable y la primera que consultaría es la de Bernal Díaz del Castillo: *Historia verdadera de la conquista de la Nueva España*, incluso por encima de las *Cartas de relación* que Cortés le envió al rey Carlos V, pero que escribió a modo porque no pensaba en el juicio de la historia, sino en cuestiones políticas de su presente.

Claro, pueden argumentar que Bernal escribió su obra años después de los acontecimientos, que escribió lo que quiso o lo que recordó —que no fue poco— y que escribió una versión de la historia personalísima. Y es cierto. Pero, lo que nadie le puede negar ni arrebatar ni menospreciar es que Bernal Díaz del Castillo fue testigo y protagonista de la historia; estuvo junto a Cortés, junto a Marina, junto a Moctezuma, junto a Alvarado y sólo por eso su obra es fundamental para acercarse a la conquista de México.

Existe abundante material para acercarse a la Conquista de México y esta obra es un buen principio para tener una idea general. Aunque, si desata su curiosidad y su necesidad por conocer más, recomiendo, además de la obra de Bernal, la biografía de Cortés de José Luis Martínez, *La conquista de México* de Hugh Thomas y, más recientemente, las obras de Miralles y Duverger.

No existe una historia verdadera, aunque el título de cualquier obra lo indique; la historia es reconstrucción e interpretación. Así que, al final, a usted, amable lector, le corresponde hacerse su propia opinión sobre uno de los momentos fundacionales de la historia mexicana.

Aquí va la lista de obras que recomiendo; todas son accesibles, fácilmente consultables e imprescindibles para adentrarse en los terrenos de la conquista a través de las letras de sus principales cronistas.

Alva Ixtlixóchitl, Fernando de. *Obras históricas*. México: Biblioteca Nezahualcóyotl, 1997.

Clavijero, Francisco Javier. *Historia antigua de México*. México: Porrúa, 1987.

Cortés, Hernán. *Cartas de relación*. México: Porrúa, 1992.

Díaz del Castillo, Bernal. *Historia verdadera de la conquista de la Nueva España*. México: Porrúa, 2002.

Duverger, Christian. *Vida de Hernán Cortés. La espada*. México: Taurus, 2019.

García Icazbalceta, Joaquín. *Biografías. Estudios*. México: Porrúa, 1998.

López de Gómara, Francisco. *Historia de la conquista de México*. México: Porrúa, 2006.

Martínez, José Luis. *Hernán Cortés*. México: FCE, 1990.

Miralles, Juan. *Hernán Cortés inventor de México*. México: Tusquets, 2001.

Montell, Jaime. *La caída de México-Tenochtitlán*. México: Joaquín Mortiz, 2003.

Prescott, William H., *Historia de la conquista de México*. México: Porrúa, 1976.

Restall, Matthew. *Cuando Moctezuma conoció a Cortés*. México: Taurus, 2019.

Rojas, José Luis de. *México Tenochtitlan. Economía y sociedad en el siglo XVI*. México: FCE/El Colegio de Michoacán, 1986.

Sahagún, Fr. Bernardino de. *Historia general de las cosas de Nueva España*. México: Porrúa (Sepan cuantos), 1999.

Solís, Antonio de. *Historia de la conquista de México*. México: Innovación, 1979.

Soustelle, Jacques. *La vida cotidiana de los aztecas en vísperas de la conquista*. México: FCE, 1955.

Townsend, Camilla. *Malintzin. Una mujer indígena en la conquista de México*. México: Era, 2015.

Thomas, Hugh. *La conquista de México. El encuentro de dos imperios*. México: Planeta, 2000.